QUASE TODOS
Joaquim Falcão

Apoio: Adriana Lacombe e Wania Marques
Diagramação e Impressão: RR Donnelley
Preparação de Originais: Ronald Polito
Revisão: Tarcísio de Souza Lima
Design de Capa: Manuel Falcão, Julio Marcello e Marcio Leite
Fotos: Eduardo Falcão, Luiz Diniz, Julio Marcello e Maria Chaves
Textos licenciados em: Creative Commons

Edição do Autor
Obras de arte de Coleção Particular

Ficha catalográfica elaborada pela
Biblioteca Mario Henrique Simonsen/FGV

Falcão, Joaquim, 1943-
  Quase todos / Joaquim Falcão. - Rio de Janeiro : Editora FGV, 2013.
  232 p.

  Inclui bibliografia.
  ISBN: 978-85-225-1465-6

  1. Cultura – Pernambuco. I. Fundação Getulio Vargas. II. Título.
  III. Patrimônio

CDD – 306.098134

Para Gilvan Samico,
homenageio os artistas e intelectuais de Pernambuco.

Sumário

---

10   Pequena apresentação

13   ARTES

15   A capacidade de ver o Brasil
Sobre: GUITA CHARIFKER

19   Arte ao ar livre
Sobre: JOSÉ CLÁUDIO

23   Arte e movimento
Sobre: MAURICIO ARRAES

27   Pernambucano ou parisiense?
Sobre: CÍCERO DIAS

31   Pequeno roteiro para bem entender e apreciar as joias de Clementina
Duarte
Sobre: CLEMENTINA DUARTE

35   O colecionador, o prêmio e o Brasil
Sobre: MARCANTONIO VILAÇA

39   Agente da gente
Sobre: VITALINO

43   Pequena sugestão para melhor conhecer a arte de Francisco Brennand
Sobre: FRANCISCO BRENNAND

47   A árvore da vida e o infinito azul
Sobre: GILVAN SAMICO

51   Em louvor de Gilvan Samico
Sobre: GILVAN SAMICO

55   CULTURA

57   Mais análise e menos doutrina
Sobre: GILBERTO FREYRE

63   A luta pelo trono
Sobre: GILBERTO FREYRE

101   Mombojó e Santos Dumont
Sobre: MOMBOJÓ

105   João Paulo II e dom Helder Câmara
Sobre: DOM HELDER CAMARA

109   Simplesmente Janete
Sobre: JANETE COSTA

113   Moacir e Ronaldo
Sobre: MOACIR DOS ANJOS E RONALDO CORREIA DE BRITO

117   Tantos Ricardos
Sobre: RICARDO BRENNAND

121   O dom da comunicação
Sobre: DOM HELDER CÂMARA

125   Gilberto Freyre e FHC
Sobre: GILBERTO FREYRE

129   Os autos de Fernando Pessoa
Sobre: JOSÉ PAULO CAVALVANTI

133   O melhor livro
Sobre: JOSÉ CLÁUDIO

137 Quadros falsificados
Sobre: ARTISTAS PERNAMBUCANOS

141 O novo livro de Ariano Suassuna
Sobre: ARIANO SUASSUNA

145 Modernidade: armadilha e desafio
Sobre: INTELECTUAIS CULTURAIS

153 Casais interindependentes
Sobre: CÍCERO DIAS

157 Além do método Paulo Freire
Sobre: PAULO FREIRE

161 O som ao redor de nós
Sobre: KLEBER MENDONÇA FILHO

165 PATRIMÔNIO

167 O inventor
Sobre: ALOÍSIO MAGALHÃES

171 Sereno revolucionário
Sobre: ALOÍSIO MAGALHÃES

177 Patrimônio católico, patrimônio brasileiro
Sobre: DOM HELDER CAMARA

181 Patrimônio, antes de imperador
Sobre: GILBERTO FREYRE

187 A comunidade como patrimônio
Sobre: ARTISTAS DE OLINDA

195 J. Borges: pernambucano, brasileiro mundial
Sobre: J. BORGES

199 Um líder e seu projeto
Sobre: ALOÍSIO MAGALHÃES

217 Patrimônio Vivo
Sobre: J. BORGES E MESTRE SALU

221 Por que patrimônio cultural?
Sobre: MARIANNE PERETTI

227 J. Borges ou o que é patrimônio cultural?
Sobre: J. BORGES

Pequena apresentação

Convivi com artistas, intelectuais, escritores de Pernambuco, desde o final da década de setenta. Quando fui morar em Olinda, terra de meus avós, minha mãe e meus filhos. Primeiro na ladeira da Misericórdia e depois na rua de São Bento, na casa que foi de João Fernandes Vieira, o contratador, que combateu os holandeses. Convivo até hoje.

Muitos se tornaram amigos de vida inteira. Alguns me pediam que escrevesse prefácios para seus livros, apresentações para suas exposições, análises para sua produção.

Pouco depois comecei a contribuir regularmente para o *Jornal do Commercio* do Recife, a convite de João Carlos Paes Mendonça, além da *Folha de S.Paulo*, onde sempre estive. Intercalei a análise política jurídica de nossas instituições com o perfil dos líderes da vida cultural e artística pernambucanas. Foi um privilégio. Até hoje.

Talvez, neste livro, falte um ou outro, com certeza faltará. Falta por exemplo o reinventor do frevo, Alceu Valença. Falta Chico Science. Mas dificilmente se escreve, ou se descreve, a vida cultural de Pernambuco sem encontrar estes escritores, artistas, intelectuais. Quase todos estão aqui.

E muitos ainda vão estar. São os verdadeiros autores. Estrelas no azul do céu da cultura de Pernambuco, como muito bem ilumina a capa de Manuel Falcão.

No começo, havia um tema comum, que eu procurava encontrar, e encontrava, nos quadros, nas aquarelas, nos textos, nos gestos de cada um. Era o tema da liberdade. A ânsia da democracia. Estávamos começando a redemocratização. Não havia outra missão possível. Era uma maneira de se anunciar e defender um novo futuro, a nova modernidade, que, afinal, chegou com a constituição de 1988. Depois as análises se centraram nas relações entre a obra, que o público conhecia, o criador, que eu conhecia e conheço, e o Brasil que ambos queremos.

A decisão de reunir em livro tantos textos esparsos, publicados ao vento que faz a hora, deveu-se à disposição de registrar a intensa criatividade da cultura pernambucanamente brasileira. Onde sendo observador, nunca deixei de ser agente também.

Este livro é, como dizem, um "*work in progress*", um trabalho em progressão.

A cada dia me espantam a vitalidade e liderança da cultura pernambucana, que surge sempre surpreendentemente, muito além das áreas onde já existe uma tradição consolidada: na música, nas artes plásticas, no artesanato, ou na política cultural.

Surge vigorosa por exemplo agora na produção cinematográfica e na tecnologia da informação. Onde já se observam líderes nacionais. Esta vitalidade é que procuro acompanhar.

Não mais a partir de Olinda, mas de Boa Viagem.

12

ARTES

Guita Charifker

A capacidade de ver o Brasil[1]

Este permanente encontro de Guita com nossas flora e fauna é um chamamento a favor da ampliação do Brasil.

Desde sempre Guita mantém um diálogo intenso com a natureza brasileira. No desenho, na gravura, na lito e na aquarela. Em Nova Viçosa, Alcântara, Rio, Olinda, Brasília ou Vila Velha. Antes com os pássaros, os lagartos e os peixes. Depois com os jasmins, os pés de fruta-pão e os coqueiros. Com cajueiros, jaqueiras, mangueiras e bananeiras. Nunca com a natureza monumental e excepcional. Sempre com a natureza tanto desapercebida quanto cotidiana, dos quintais.

---

[1] Publicado no livro *Viva a vida! Guita Charifker — aquarelas, desenhos, pinturas*, Recife, 2001, projeto de Carla Valença, edição de Ronaldo Correia de Brito e Mario Hélio Gomes de Lima, texto de Joaquim Falcão, "Guita Charifker: a capacidade de ver o Brasil individual — aquarelas" (1984), p. 42-43.

Este permanente encontro de Guita com nossa flora e fauna assume hoje novo significado. É um chamamento a favor da ampliação do Brasil. Do reencontro do Brasil com os brasileiros. Com suas árvores, flores e frutos obscurecidos.

A arte de Guta resulta deste privilégio permanente. É ecologicamente olindense. Nem por isto menos nacional e, até mesmo, menos universal. Pois o universal não é igual. Como dizia Aloísio Magalhães: "É preciso ter-se cuidado de não confundir o que é universal com o apenas igual: o universal é o que emerge do regional por qualidades que transcendem o uso específico de uma cultura". Suas árvores, suas folhagens, seus caules e seus frutos existem. Estão aqui ao lado. Revelam uma Olinda-Brasil inesperadamente palpável e viável. Mas revelam também, numa competência técnica de nível internacional, mensagens e concepções que transcendem o regional e o dilacerante. Ao contrário, vive e convive no quotidiano, no comum e no ameno. Vive na anônima folhagem revelada. Revelada porque souber ver: Guita. Ou ainda, a concepção de que o novo consiste muita vez na ousadia de preservar o presente. Preservar na inspiração do artista os elementos ecologicamente definidores de sua cultura.

17

José Cláudio

Arte ao ar livre[2]

A partir de certo ponto, denunciar não é mudar, é manter.

Queira-o ou não, pouco importa. Pretenda-o ou não, muito menos. O artista não se isola em sua obra. Mesmo que tente. Não adianta. Consciente ou inconscientemente, pela arte, o artista dialoga com seus amigos e inimigos. Com sua gente, sua época e seu país. Com sua história e seu futuro. Assim como o cientista e sua pesquisa, o empresário e seu produto, o político e seu discurso, o arquiteto e seu projeto, assim também o pintor e seu quadro: são relações que inexistem sozinhas. Estamos todos, sempre, numa grande conversa com todos. O que fazemos e criamos reflete necessariamente nosso entendimento de mundo. Nosso entendimento de Brasil. Dos anos oitenta.

Daí, a pergunta crucial: o que José Cláudio anda a nos dizer com estas pinturas de Olinda? O que ele está falando?

---

[2] *Catálogo Exposição Artespaço*, de José Cláudio, em 5 de novembro de 1983, em Olinda.

Tal qual o artista (quem herda, não furta), são pinturas de muitas falas. Constantemente falantes. Com atenção, apreende-se algumas delas. Por exemplo. A mim me parece claro: José Cláudio pinta uma Olinda, um Pernambuco, um Brasil claro. Que revela, muito mais do que esconde. Um Brasil que olha o, e que gosta do, Brasil. Um Brasil livre. Livremente pintado. Ao ar livre. É, sobretudo, um Brasil que usa da liberdade, a seu favor. E se apresenta afirmativo. Serenamente alegre. Com força. Mais ainda: com passado, presente e futuro.

Mas, o que será que tudo isto significa nos dias de hoje?

Muito simples. O Brasil, seu povo e sua arte não suportam mais, nesta década de oitenta, apenas a crítica amarga. A crítica que fez um pacto recôndito com o carrasco: seu sucesso depende de o carrasco continuar errando. O Brasil precisa de ar livre. De projetos positivos. Não que a crítica não seja importante. É sim. Foi, e muito. Mas é preciso reconhecer a armadilha. A partir de certo ponto, a crítica amarga, em vez de conquistar mais liberdade, inutiliza a que já obteve. A partir de certo ponto, denunciar não é mais mudar, é manter. Atacar não é mais romper, é conviver. Uma pintura feita apenas de deformar pessoas e realidades, como uma pesquisa feita apenas de denúncias ou um discurso político feito apenas de ataques, difícilmente indicam o futuro. Colecionam-se, autofagicamente, no passado. E em nome de voltarem contra uma história, cruel e injusta, a ela, contraditoriamente, se submetem. Além de recortarem, arbitrariamente, a realidade. Pois todos sabemos que a realidade — Brasil, Pernambuco e Olinda — é feita do bom e do mal. Do triste e do alegre. Do justo e do injusto. Do sereno e do eufórico.

A arte, como a ciência e a política, hoje, tem que usar a liberdade que o país aos poucos reconquista não apenas para bordar e rebordar, tecnizar e retecnizar a crítica amarga. Este será caminho solitário. A arte tem que sair dos quartos e das alcovas. (Como a sensualidade das mulatas de José Cláudio, que saíram dos quadros-cenas de carnaval, onde estavam, para, orgulhosamente, os muros de Recife e Olinda). A ciência tem que sair das salas de aula e dos laboratórios experimentais. A política, dos corredores e dos gabinetes. Todos têm que vir, como a pintura de José Cláudio, para a rua e a luz do dia. Que substitui a noite. E serem afirmativos, positivos, solidários, populares, iluminados e brasileiros.

Ao contrário do que parece à primeira vista, o tema principal deste quadro de José Cláudio não são as igrejas, as praças, o mar ou os coqueiros. O tema principal é a luz. José Cláudio pinta a luz. A luz livre e natural, modernamente eterna, de Olinda. Que faz verdes infinitamente amarelos, rosas, vermelhos e azuis. Que colore as paredes caiadas de branco. Este talvez o ponto mais importante. Pode-se pintar uma Olinda histórica, com as luzes livres do presente, e se libertar de um passado que foi muitas vezes injusto, autocrático, escuro e escravocrata. Apontar para um futuro. Como fazem a arte de Guita, Samico, Luciano Pinheiro, Liliane Dardot, Zé Som, Bajado e José de Barros. Como faz o mamulengo Só-riso de Fernando. Como fazem os frevos de Clídio Nigro e Lídio Macacão. Como faz, sobretudo, José Cláudio, apontando para uma Olinda/arte bem melhor. Mais livre e solidária. Viva!

Mauricio Arraes

Arte e movimento[3]

De si para sigo mesmo, não se limita.

Engana-se quem pensa que Mauricio Arraes desenha e pinta pessoas, carros, anúncios, bares e rua. Não é isto não. Mauricio desenha e pinta o carro passando, a mulher andando, o bar funcionando e a cidade vivendo. Quer dizer, pinta e desenha o mover-se. Se José Cláudio pinta a luz, Mauricio Arraes pinta o movimento.

Olhem bem para os quadros. Um segundo a mais, e o quadro seria outro. Entre o estudo e o trabalho definitivo — como na cena do matadouro, por exemplo — o homem levantou, abaixou, moveu-se. Viveu. Basta um olhar mais demorado para se ter a sensação de que o carro vai arrancar, a mulher desaparecer e o copo esvaziar.

---

[3] *Catálogo Exposição individual*, julho e agosto de 1985, Recife.

Tudo dialeticamente, é claro. Pois, no fundo, Mauricio capta é o intervalo: entre o movimento que foi e o movimento que será. Daí a sensação de que seus quadros são continuação. São contínua ação. Têm passado, presente e futuro. Capta mas não imobiliza o movimento. Que permanece sendo. Movimento e agora arte, também.

Dialeticamente, Mauricio capta a arte que nos remete ao todo. A cena captada não se fecha em si. Não é aprisionada. De si para sigo mesmo não se limita, como diria provavelmente Guimarães Rosa. Ao contrário. A cena sai da moldura e extrapola seus quatro cantos. Continua nas paredes da nossa mesa que se escondeu, a mão que desapareceu e a roda do carro que não chegou. A parte captada transfigura-se como ausência do todo. O homem no balcão, o balcão na rua, a rua na cidade, a cidade na vida. A vida sendo vivida.

E qual um dos traços mais característicos da vida moderna? Mais presente no quotidiano das pessoas, dos objetos e das cidades? Mais condicionante do saber e do poder? Senão o movimento? Senão a ação? Senão a impossibilidade de parar? Senão o desejo modernamente de mudar?

Analogicamente não seria esta também a característica fundamental do Brasil de hoje? Um Brasil de transição e mudança. Um Brasil que já não é o que foi ontem. Nem ainda é o que será amanhã de manhã. Mauricio Arraes: o movimento modernamente visto. E transformado em arte.

25

Cícero Dias

Pernambucano ou parisiense?[4]

Universal sem deixar de ser local.

Duas perguntas nos ajudam a bem compreender e a melhor se encantar com Cícero Dias. Não são perguntas novas. Mas servem de guia para percorrermos esta magnífica retrospectiva: 90 anos de vida, oito décadas de pintura.

A primeira é a seguinte: Cícero Dias é pintor pernambucano ou parisiense? Brasileiro ou francês? "Nasci no Engenho Jundiá, em Pernambuco, em 1907. Nasci pintor", diz Cícero. Mas, desde 1937, vive em Paris, acrescento eu. Mesmo assim a resposta não é difícil. Não é nem um, nem outro. São ambos. Pernambucanamente parisiense. Poderíamos até dizer que Cícero Dias é cosmopolitamente provinciano. Como são James Joyce e Dublin, Marc Chagall e a Rússia, Marcel Proust e Paris. Todos partem da raiz local para ultrapassá-la, sem abandoná-la, e se reconstroem, pela arte, em universais. Internacionalmente nacionais.

---

[4] *Catálogo Exposição Casa França Brasil*, sobre Cícero Dias, em 9 de abril de 1997.

"Você só pode ser moderno, se for internacional", dizia Ismael Nery. "Ora, eu pensava justamente ao contrário. Eu procurei ser moderno pintando a cultura brasileira", diz Cícero. Esta retrospectiva comprova o sucesso deste projeto. Cícero expressa tanto o modernismo brasileiro, quanto a Escola de Paris. E consegue síntese preciosa: ser universal sem deixar de ser local.

A segunda pergunta é a seguinte: Cícero Dias é pintor moderno ou tradicional? A resposta também não é difícil. Seu compromisso com o modernismo é evidente. Vejam suas aquarelas das décadas de 20 e 30. Foi onírico, surrealista, antes de todos. Vejam seu abstracionismo geométrico, que tanto entusiasmou Mário Pedrosa e que até hoje entusiasma o olindense José Cláudio. Em compensação, vejam também a sua temática, suas obras figurativas, impregnadas de sentimentos permanentes e das tradições da vida brasileira. Por isso mesmo, já em 1970, Gilberto Freyre o chamava de pós-moderno. Arrojadamente moderno de sentido tradicionalista. Eis aí outra difícil síntese preciosa.

Se o patrimônio cultural e artístico de uma nação é a referência que nos assegura a identidade, ao traduzir em arte estas sínteses preciosas — internacionalizar o local e tradicionalizar o moderno —, Cícero Dias é patrimônio do Brasil. Pois nós somos um país de sínteses. E, por isso, patrimônio da humanidade também.

29

Clementina Duarte

Pequeno roteiro para bem entender e apreciar as joias de Clementina Duarte[5]

Nada nasce global ou internacional, mas local e nacional.

Este pequeno roteiro, à guisa de apresentação, é composto de um convite e de uma observação. O convite é para vermos e, juntos, interpretarmos as joias de 13 fotos que compõem este catálogo.

Vejam a foto, trata-se apenas de uma linha dourada. Antes fora prateada, pois com trabalhos em prata Clementina começou sua arte. Mas, agora dourada, se fez colar. É uma linha, quase um movimento apenas. Algo que passa, que flui, que está indo, sinuosamente. Uma onda, talvez. Mas que, ao se dar sequência, se desdobra e se revela, sem deixar de ser linha, na joia da segunda foto. Encontra um significado. Multiplica-se em outras linhas que contornam e criam brincos e colar, como folhas, folhagem. Clementina encontra logo seu

---

[5] *Catálogo Exposição*, em 1998.

primeiro e maior tema: a natureza. Assim como não podemos pensar no Brasil sem nossa natureza, não podemos entender suas joias sem nossos bosques, nossos rios e mais amores.

As fotos das joias seguintes bem exemplificam esta relação. São algas marinhas, em pleno movimento. A sensação é de que as joias-algas não são fixas ou estáticas. Elas próprias se movem. O fotógrafo apenas interrompeu o flutuar e cristalizou um momento. O mesmo ocorre com a sequência de anéis. Enquanto mexicanos e egípcios se ameaçam os dedos com serpentes, a fauna, aqui são os cipós, a flora, a proteger e enroscar, sensualmente, dedos. Mas, nem tudo são curvas e envolver. A joia seguinte é fixa e distante. Pois fixa e distante é a natureza que ela revela: nosso céu e nossas estrelas. É o Cruzeiro do Sul. Estrelas no firme momento, firmamento.

Acredito que já esteja claro para você, leitor, entender, daqui em diante, como a linha se faz *design*, de como o *design* se faz natureza, e de como natureza se faz joias. E como não temos desertos, geleiras ou savanas, mas antes Amazônia e mata atlântica, florestas e rios, diversidade maior do planeta, as joias buscam e refletem diversidade e exuberância. No *design* e nos materiais também: não só ouro e prata, mas pérolas, corais, diamantes, esmeraldas, topázio amarelo e por aí vai. A linha vai em busca da cor. É a luz. Ou melhor, das luzes. Qualquer europeu que desembarque em Recife ou Olinda, desde Franz Post, por exemplo, vai logo se encantar com a luminosidade pernambucana, origem de Clementina.

Junte-se, pois — com arte, talento, carinho e invenção —, a linha sinuosa e a natureza exuberante, as pedras coloridas e a luz tropical, e você bem entenderá e apreciará as joias de Clementina Duarte.

Uma observação derradeira. Sem deixar de ser pernambucana e brasileira, Clementina é universal. Por uma razão muito simples e aparentemente paradoxal. O universal não é o igual, dizia Aloísio Magalhães, nosso amigo comum. Nada nasce global ou internacional. Tudo nasce, antes, local e nacional. E pelo talento, força da criação e comunicação ganha o mundo.

Mais do que nunca, nestes tempos de globalização, o fortalecimento das artes e da cultura de cada país é fundamental. O sucesso da globalização econômica vai depender muito da preservação da identidade cultural de cada país. Essa preservação não é ato de caridade. Antes, é a capacidade de se inventar, se diferenciar e se recriar todos os dias. De pés no chão, mas espiando o mundo. As joias de Clementina recriam o Brasil a todo momento. Ninguém nasce impunemente nos trópicos, poderia ter dito Gilberto Freyre. Nem mesmo Clementina, ou suas joias, tão internacionalmente brasileiras.

Gilvan Samico

O colecionador, o prêmio e o Brasil[6]

Colecionar é decidir, é escolher entre opções incompatíveis.

Colecionar é decidir. Decidir é escolher entre opções incompatíveis. Ou esta instalação, ou aquela. Ou o século XIX, ou o século XXI. Ao decidir, o colecionador se revela, e revela também valores que adota, fins que persegue. Assim também se revela o Prêmio Marcantonio Vilaça da Conferederação Nacional da Indústria, ao conceder suas bolsas.

Dos mais de 900 candidatos, chega-se a 30, e com o coração sangrando, a cinco. A seleção deste catálogo desnuda uma estratégia e uma visão da arte. Mas não somente. Vai mais além. Revela a arte na história, no presente e no futuro do Brasil. Para onde ir? Por onde ir? Por que ir?

---

[6] *Catálogo Prêmio Marcantonio Vilaça para as Artes Plásticas CNI Sesi*, em 2004.

Na verdade, o colecionador e sua coleção, o Prêmio e seus bolsistas também fazem Brasil. Fazem mundo, diria Marcos Vilaça, olhando a Catedral. Fazem vida. Apoiar apenas a invenção vislumbrada nos jovens artistas ou a continuidade promissora de artistas consolidados?, colocou Moacir dos Anjos. Esta questão transcende a mera opção artística. De quais dos dois tipos de artistas o Brasil precisa? Navegar é escolher, e é preciso.

Permitam, portanto, à guisa de apresentação, ir além da arte e do artista, e tentar primeiro sugerir pequeno paralelo entre o colecionador Marcantonio Vilaça e o Prêmio. E em seguida, imaginar o que ambos, colecionador e o Prêmio, poderiam estar dizendo ao Brasil de hoje.

Quem quer que analise a coleção de Marcantonio, e existe certa unanimidade, não deixará de usar palavras como experimentação, experimentalismo, inquietação, risco, *cutting edge*, ousadia, novas gerações e por aí vamos. No dizer de Paulo Herkenhoff: "(...) reuniu uma coleção de arte brasileira experimental, inventiva, *cutting edge* — a que emerge cruzando fronteiras do estabelecido". Não escolheu o modernismo, mas a arte contemporânea. Não o ontem, mas o amanhã, mesmo quando este amanhã, como a gravura de Samico, uma de suas primeiras escolhas, já existia desde ontem. Não escolheu o tradicional uso de materiais, mas a sua reinvenção e desconstrução. Não escolheu a homogeneidade, mas a diversidade. Quase que não é uma coleção. É um laboratório do ler e do reler, do fazer, desfazer e refazer da arte brasileira. Na inquietação do colecionador residia o experimentalismo da coleção. Um ao outro se completam. Faces da mesma moeda.

Assim também o Prêmio se revela em seus premiados, em seus bolsistas. Não se optou pela linguagem da continuidade que imobiliza, mas pela linguagem da ruptura que continua. Não se optou por uma hierarquia de altas ou baixas tecnologias, mas por uma democracia de materiais. Não se optou pela homogeneidade, mas pela radical heterogeneidade das expressões: instalações, objetos, pintura, fotografia, esculturas, livros de artista, videoarte, arte digital e por aí vamos. Não se optou por um significante, mas pelos múltiplos ressignificados.

É a arte como exercício da luz de Lucia Koch. É a arte como captação do sublime quotidiano, quase uma filosofia, de Tiago Rocha Pitta. É a arte como palavra viva, mutante, linguagem de Marilá Dardot. É a arte como crítica e reinvenção de seus próprios espaços expositivos de Renata Lucas. É a arte como inclusão social de Paula Trote.

A mensagem do júri é muito clara. Ousem. Continuem a reinventar a arte brasileira. Passem dos limites. Desarrumem para rearrumar. Desconstruam pra reconstruir. Cruzem as fronteiras do estabelecido.

Se pudéssemos resumir a mensagem que revela o colecionador através de sua coleção, e o Prêmio através de seus vencedores, diríamos que ambos apontam para a arte como futuro, e o futuro como experimentação, e a experimentação como risco, e o risco como pluralidade, e a pluralidade como o todo, e o todo como a reinvenção de si mesmo.

É exatamente disto que o Brasil precisa. Na economia, no direito, na cultura, nas finanças, na política. Dificilmente estaremos honrando o legado que recebemos — e que se chama Brasil — copiando o que já foi abandonado. Importando o que já foi consumido. Mais grave do que o colonialismo político e econômico do século XVII é o colonialismo cultural das ideias e às vezes artifícios também que hoje nos inibe diante de nosso próprio risco.

É engano acreditar que vamos encontrar lá fora a solução que não inventamos aqui. Não se importa Brasil, constrói-se o Brasil. O risco Brasil não é o risco do Brasil. O Brasil necessita de um choque de experimentalismo, de ousadia, de criação. Necessita canalizar sua inquietação e seus problemas, como fizeram o colecionador e o Prêmio, para acreditar, reconstruir e inventar o futuro.

Vitalino

Agente da gente[7]

Fazia elogio do despojamento e da simplicidade, muito além do que a crítica da pobreza.

São muitos os caminhos que nos levam a Vitalino, vetor da cultura pernambucana brasileira. O mais conhecido é o caminho do artista-artesão a esculpir em barro seus bonecos e nossa vida. Ele próprio esculpido em sua secura, com suas mãos de veias latejantes, como as de Moisés de Michelangelo, expoentes e expostas, mãos de trabalho mais do que de arte. De trabalhador mais do que de artista.

Ele próprio esculpido também em sua magreza, seu rosto secado dos excessos que nunca teve, de sulcos marcados e marcantes, sério e aflito, desconfiado, muito mais retirante do que ficante. Ele próprio a se esculpir carismático e fotogênico que foi, a atrair de todos a atenção, daqui e dacolá: Caruaru, Goiânia, ou Rio de Janeiro.

---

[7] Artigo publicado no *Jornal do Commercio*, Recife, 20 set. 2009.

São muitos os caminhos de se chegar até ele. Dois, em geral, são menos trilhados. Gostaria de percorrê-los e ressaltá-los, nestes seus 100 anos, ainda tão magramente comemorados.

O primeiro é Vitalino como gerador de empregos. Em visita ao Recife, certa feita, o então ministro do turismo Rafael Greca, paranaense, vendo bonecos de barro, vitalinos em tudo o que via, nas feiras, praças, lojas e lojinhas, canto e rua, casas e apartamentos, não hesitou: "Mas o Vitalino gerou mais empregos para o Nordeste do que a Sudene!". Tinha razão e tem ainda. Inclusive porque a Sudene praticamente acabou e o artesanato de barro nunca foi tão próspero.

No fundo, Vitalino introduziu uma profissão da qual vivem famílias inteiras, cidades todas. A profissão do artesão de barro. E ele, artesão nato. Aliás, Pernambuco tem pelo menos, no século XX, dois outros introdutores de novas profissões no Brasil. Celso Furtado, a dar forma, conteúdo e visibilidade ao planejador econômico. E Aloísio Magalhães, a dar forma, conteúdo e visibilidade ao *designer*. Paradoxal, mas compreensivelmente, ambos bacharéis da Faculdade de Direito do Recife. Foram, assim, o que nunca seriam.

Se Celso e Aloísio introduziram novas competências profissionais no setor formal da economia, Vitalino o fez no setor informal. O setor do sem lenço, documento ou carteira de trabalho. Onde se escondem, estão, os vitalinos ainda não captados por índices econômicos. Nem por isto são menos importantes. Setor informal fundamental, a exigir dos governos, como o industrial ou comercial, políticas públicas específicas, programas de formação de recursos humanos, financiamentos e apoios, agora e durante. E não apenas se hesitarem a ser a plateia da boa nova que nunca chega: a prometida e futura incorporação na legalidade. Um futuro que se afasta, quando se chega.

Aliás, não são poucos os economistas que hoje dizem que o setor informal teve atuação decisiva, como colchão de ar, a amortecer e evitar que na crise econômica o Brasil se agravasse.

O segundo caminho encontra Vitalino como cronista social, cronista da sociedade em seu torno e em seu tempo. Cronista no sentido de escritor, não com palavras, papel e lápis. Mas com imagem, água e barro e forno, a narrar nosso cotidiano. O ladrão de bode, os retirantes da seca, a banda de pífanos, a fiadeira, o médico, o advogado, o professor, as múltiplas profissões e por aí vai. Foi um descritor, mais do que escritor. Mas, o que é mesmo um descritor?

Descritor é o descobridor, o inventor da modernidade. É o botânico que encontra, estuda e descreve um novo tipo de orquídea. É o cientista que descreve o DNA de uma célula. É o matemático que descreve um novo tipo de equação. Vitalino, com sua linguagem própria, a descrever mais do que cenas, situações e fauna. Nas pessoas descritas em suas figuras de barro, fazia mais o elogio do despojamento e da simplicidade, muito além e distante, do que a crítica da pobreza. Nos bois e cavalos , fazia o oposto. Fazia o elogio da pujança e opulência. Seus bois não vinham da seca. Eram e são bois majestáticos, orgulhosos, ufanistas. Bois vigorosos, de papadas empinadas, como uma vez me fez ver Jarbas Vasconcelos.

Richard Rorty, filósofo americano, diz que diante da vida podemos ter duas atitudes. Ou sermos meros observadores, ficando à toa a ver a banda passar, ou sermos agentes e fazedores de seu tempo. Vitalino foi ambos. Observou sua gente e seu local. A partir daí, agiu, fez arte, artesania. Ajudou a fazer seu tempo. Nossa cultura. Gerou saber e ser. Criou empregos. Foi agente da gente.

Francisco Brennand

Pequena sugestão para melhor conhecer a arte de Francisco Brennand[8]

O Brasil e o mundo que lhe batam às portas.

A arte de Francisco Brennand, escultura, pintura ou cerâmica, pode ser compreendida e apreciada sozinha. Você estará diante de arte transcultural, transgeográfica e atemporal, diria com certeza, e deve ter dito, Gilberto Freyre.

Mas se você tiver o privilégio de visitar seu ateliê, no Engenho São João, no Recife, vai poder compreender mais e apreciar melhor. Sobretudo se nesta visita tiver a sorte de encontrar o próprio Francisco, como sempre o chamava Aloísio Magalhães. Tente uma conversa. Dependendo do dia, ele não recusa a prosa, mesmo ao mais desconhecido. Se isso acontecer, você terá tido oportunidade única.

---

[8] Publicado no livro Brennand, editor: Olívio Tavares de Araujo, Weydson Barros Leal e Rômulo Fialdini, lançado pela Métron em 1997, patrocinado pelo Sebrae, com apoio da Vice-Presidência de República e da Fundação Roberto Marinho.

Por razão simples. Para Francisco, um simples pote, uma pedra cerâmica para um piso, um quadro ou uma escultura, tudo carece de explicação.

Explicação que ele fará caminhar pela descrição dos fornos, texturas e cozimentos, o que o faz tecnologicamente internacional. Ou pela influência da mitologia grega, que ele molda tropical e balthusianamente. Ou pela luminosidade e natureza, sensualmente nordestinas, que lhe invadem. O artista é indissociável de sua arte.

De tudo, Brennand está consciente. Nele, não se separa arte de interpretação. A razão da emoção. O diário que escreve, do gesto com que molda o barro, ou conduz o pincel, todos diariamente. Não se distinguem inspirações de transpiração. Sexo de imaginação. Sujeito de objeto. Sendo a explicação, por si só, arte também.

No meio da conversa, você terá vontade de fazer como ele: recriar o tempo e ali ficar. O Brasil e o mundo que lhe batam às portas! Vai ser inevitável. Você terá vontade de conviver mais, ter, comprar talvez, uma escultura ou um quadro. Mas nunca a revele. Brennand vai lhe convencer de que as peças não foram apenas produzidas ali. É mais. As peças nasceram ali. Como árvores de uma floresta, caso transplantadas, perdem seu significado. Por isto seu ateliê é um espaço único no mundo. Criado à sua imagem e semelhança. Moldado por eternidades. Suas esculturas são de um ativismo radical. O local, como a explicação, também é indissociável de sua arte.

Por isto, para bem compreender a arte de Francisco Brennand, junte obra, autor e local. Esta é minha pequena sugestão. Aproveite e agradeça a Deus e ao Brasil a oportunidade de conhecê-los. E, através deste livro, junte-se a nós e comemore.

Viva!

45

Gilvan Samico

A árvore da vida e o infinito azul[9]

Ter sucesso significa aprofundar, detalhar, reservar, aperfeiçoar, iluminar.

Uma ave bicéfala cercada de quatro outras pequenas aves, como se daquelas surgisse essa, está acima de tudo, no começo, no alto. Logo abaixo, uma rica e frondosa árvore da vida, simetricamente cercada de duas fartas cabras — tão fartas que, em vez de apenas um peito, cada uma tem três. Três que alimentam quatro sedentos homens e quatro mulheres que lhes vêm embaixo. Como se tivessem das cabras recebendo, bebendo o leite da indispensável vida. A alimentação do viver. No centro, um ovo, cortado em dois na vertical. O centro da vida. Para finalizar, um casal nu, deitados como se tivessem apenas acabado e agora descansassem, ou fossem com preparo iniciar a reprodução da vida. No final mesmo, embaixo de tudo, o símbolo do infinito, como se a vida assim fosse — parafraseando Vinícius, um símbolo de que é passageiramente infinita.

---

9 Artigo publicado em jornal de Pernambuco, em 2006.

É impossível reproduzir arte com palavras. Mas, com alguma ousadia, pode-se tentar descrever os temas da arte, os temas de um quadro, os temas de uma gravura. É o caso. *A árvore da vida e o infinito azul* é o nome da última gravura de Gilvan Samico, de Olinda. Em 2005, contrariando sua própria tradição, Samico não fez apenas uma gravura. Exagerou. Fez duas. Esta nova talvez seja também a primeira de duas. Quem sabe? Mesmo assim, é com certeza o artista mais parcimonioso do Brasil.

Mantém seus inúmeros colecionadores de todos os lugares e os principais museus do mundo sempre na tensão da espera. Mesmo duplicando sua produção, Samico está longe de satisfazer o mercado. Aliás, este desprezo pelo mercado é uma de suas satisfações preferidas. Ele dá sempre ao comprador a sensação de que está vendendo a pulso. Ele e Francisco Brennand. São pré-burgueses. Aristocratas da arte, diriam aqueles mais sociologicamente deterministas.

No fundo, trata-se da evidência real não apenas de que suas obras não foram feitas com a intenção de serem vendidas, com o intuito de agradar a crítica e o mercado, como é tão comum hoje em dia, mas também de uma bem-sucedida estratégia de venda. Como sabemos, o mercado menospreza a abundância e adora a escassez.

No fundo, a possível duplicação da produção de Samico tem duas fortes explicações.

A primeira é óbvia. Este artista tem cada vez mais o que dizer neste mundo de hoje. Neste mundo no qual o *cult* é o *noir*, no qual a depressão, a indignação, a desconstrução são os valores presentes, celebrar a vida é dizer o que todos querem ouvir e sentir. É se conectar com a esperança e o futuro.

Segundo, no passar dos anos, Samico não ficou menos. Ficou mais. Está melhor. Assisti no seu próprio ateliê em Olinda a entrada de dois jovens casais que olhando as gravuras dos anos anteriores dispostas em fila, no chão, contra a parede, bateram os olhos na nova gravura e não hesitaram: esta está linda. Como vi também, no mesmo ateliê, uma esposa, determinada e determinante, não discutir e simplesmente ordenar ao marido: compre esta. Era a nova gravura justamente. O marido assim o fez, docemente determinado.

A grande razão do sucesso de Samico é ter o aprofundamento e não a ruptura como estratégia maior de fazer arte. Se é estratégia pensada ou não, pouco importa. Ao contrário da maioria dos artistas, que acreditam que a continuidade do sucesso requer mudar o que fazem, inovar na ruptura ou usar outras linguagens, Samico faz o contrário. No caso, continuar a ter sucesso significa aprofundar, detalhar, preservar, aperfeiçoar, iluminar. Assim se fez líder, grande artista, assim se fez o melhor da xilogravura brasileira. No mundo moderno, continuidade e ruptura não se excluem. Há lugar para todos os excelentes, voltados ou não para o mercado.

Gilvan Samico

Em louvor de Gilvan Samico[10]

Humildade não é ser menos. É querer ser melhor.

São poucos os criadores que têm o dom da humildade. É compreensível. No mundo das competições, a humildade é virtude renegada. Em geral associa-se humildade à inferioridade. E não à grandeza de espírito. Associa-se humildade a ser menos, e não a querer ser melhor. São poucos, muito poucos, os que têm ou tiveram a sabedoria da humildade como grandeza. Fundada na suave consciência de que se é grande. Gilvan Samico teve.

São poucos os criadores que, já maduros em sua arte, se encontram com seus limites e buscam na interlocução com seus pares a saída para ir além de si mesmos. Samico buscou. Atento a Ariano, ultrapassou-se. Despediu-se, sem renegar, ao contrário, a inicial influência de Goeldi e Lívio Abramo. Acendeu a luz, iluminou suas gravuras e as trouxe para o Nordeste. Encontrou, dentro de si e de sua terra, sua principal influência. E se fez maior. O Nordeste universal foi seu Norte.

---

[10] Artigo publicado no *Jornal do Commercio*, Recife, dez. 2013.

São poucos os criadores capazes de ao se permanecerem fiéis, não se repetirem no unívoco. De um só livro, de uma só ideia, de uma só descoberta, de um só quadro, de uma só beleza. Samico criou um conjunto, coletivo, sequencial. Ele se prolongava. Ele se fez estilo e linguagem. Não se gosta de um Samico. Gosta-se de Samicos.

São poucos os criadores que se recolhem sem se isolarem. Samico se recolheu na sua Olinda, família e amigos. Homem de métodos, detalhes e rotinas, detestava viajar. Seu quase recolhimento do mundo em nenhum momento se traduziu como solidão, egocentrismos ou malquerenças.

Quantas vezes, como seu vizinho, vi o Brasil bater–lhe às portas, sempre abertas, tocando a campainha do lado direito que dava para a calçada. E entrar. Nunca houve grades, vigias, portarias, críticos ou *marchands* entre Samico e o Brasil.

São poucos os criadores capazes de juntar ao mesmo tempo o mistério, a relação improvável, o movimento estático, o humor, o fantástico, de uma maneira aparentemente descritiva e complexamente simples. Capazes de concretizar o imaginário.

Suas gravuras não são provincianas, mas cosmopolitas. Imaginários feitos em Olinda que não se aprisionam a Olinda. Não é obra de conjuntura, moda, ou volúpia de mercado.

Divertia-se quando lhe perguntavam o significado desta ou daquela gravura. Deste ou daquele detalhe. Via a realidade como uma lenda que criava, ao recortar, com rigor e precisão, a madeira, sua forma de acariciá-la. "Sei não, foi saindo assim." Sabia, sim. Apenas era parcimonioso em se nela revelar.

E por serem tão poucos estes criadores das humildades como grandeza, das influências como fidelidade a si próprios, dos recolhimentos como conviver no mundo, estes tradutores de imaginários atemporais, Samico já faz muita, muita, muita falta. Foi-se, de nós, um maior.

53

54

CULTURA

Cícero Dias

Mais análise e menos doutrina[11]

Trata-se de dissociar o conhecimento que produz o dever ser do conhecimento que produz o ser.

Muitos são contra. Muitos são a favor. Pode-se concordar. Mas todos estão unidos: não se pode ignorar Gilberto Freyre. Por quê? Por que *Casa-grande & senzala* é considerado, e cada vez mais, um livro referencial para o Brasil conhecer melhor o Brasil. Assim considerado até mesmo pelos que discordam! Que qualidade misteriosa é esta deste livro que obtém ao mesmo tempo elogio, respeito e discordância?

As respostas são múltiplas. Permitam que focalize uma, entre tantas. Uma resposta que pretendo moldar a partir da interpretação de dois episódios vividos por Gilberto Freyre. Ambos focalizando a história do pensamento social brasileiro. Mas ambos contrapondo o pensamento sociológico de Freyre ao pensamento jurídico dominante. Contrapondo o sociólogo aos juristas.

---

[11] Artigo publicado no jornal *Folha de S.Paulo*, 24 jul. 1987.

Em 1935, Freyre pronuncia na Faculdade de Direito do Largo de São Francisco uma conferência com o sugestivo título de *Mais análise e menos doutrina*. Em 1946, na campanha pela redemocratização, Freyre critica a cultura jurídica decadente da Faculdade de Direito do Recife. Os alunos de lá reagem. Pelos jornais, chamaram Gilberto de "meteco". Quer dizer, o estrangeiro que não pertence à cidade. Intrometido, ou "enxerido", como se diz no Nordeste. Naquela época, tentaram reduzir as distantes relações entre Gilberto e a Faculdade de Direito de Recife sobre a interpretação do Brasil a mera questões pessoais. Não eram questões pessoais não. Eram indícios da disputa que se travava sobre os caminhos do pensamento social no Brasil.

De fato, no nível das ideias sociais, as relações entre Freyre e nossos juristas nunca foram intensas. Nem em São Paulo, nem no Recife. Nem em lugar algum, provavelmente. Se não foram inamistosas, pelo menos foram ralas e formais. Pudera! Sempre foram relações concorrentes. No fundo, uma disputa pelo poder saber. Ou seja, a disputa pelo poder de explicar o Brasil. Fácil perceber alguns aspectos desta concorrência.

Até o começo do século, por exemplo, o Brasil foi (e talvez ainda continue sendo) o país dos bacharéis. De direito, é claro. Detinham o poder econômico e político. Eram os profissionais, digamos, prioritários. Detinham também o saber. O poder de produzir o saber sobre o social. Em outras palavras, eram os juristas que prioritariamente tentavam explicar — e assim a moldavam — a realidade social brasileira. As teorias sociais confundiam-se com as doutrinas jurídicas. Isto ocorria na fábrica, instituição principal, as faculdades de Direito. Este poder imenso de explicar o social brasileiro foi ameaçado por *Casa-grande & senzala*. Como?

Outra vez, as respostas podem ser múltiplas. Permitam-me focalizar uma entre tantas.

Hoje é senso comum que o jurista é o profissional especializado em produzir e aplicar normas. Ou seja, a matéria-prima do jurista, do advogado, é basicamente a conduta, o comportamento social. Não como de fato é, mas como deve ser. Hoje é senso comum que a matéria-prima dos cientistas sociais (antropólogos, sociólogos e cientista políticos) é basicamente o comportamento social como de fato é. Os bacharéis prescrevem, são os profissionais basicamente do dever ser. Os sociólogos descrevem, são os profissionais basicamente do ser. Mas, até entao, a matéria-prima dos juristas e das faculdades de direito era dupla: tanto o dever ser, quanto o ser.

Não raramente o dever ser formalizava, idealizava e dogmatizava o ser. A norma se impunha, quase substituía, à relação social concreta. Quando não a inventava, importava ou engessava. Confundiu-se prescrever com descrever.

No fundo, o pensamento social era impregnado pelas diversas formas do idealismo que sempre moldou o pensamento jurídico. De 1827 até hoje. Seja através do jusnaturalismo metafísico e católico, do evolucionismo liberal e ateu, ou através do normativismo lógico-formal tecnicista.

Quando Freyre pede menos doutrina e mais análise, no fundo estava propondo dissociar o conhecimento que "produz" o dever ser do conhecimento que "produz" o ser. Mais ainda. Indica que o método de um difere do método do outro. Ser "douto", ser autoridade, não é suficiente para produzir um conhecimento social verdadeiro. A doutrina é um argumento de autoridade, mas necessariamente não é o argumento de verdade social. Fazia-se preciso um conhecimento fundamentado não no ato de fé, como no jusnaturalismo, ou no consenso formal, como no evolucionismo liberal, ou no dogma posto fora de questão, como no normativismo lógico-formal. Fazia-se preciso um pensamento social com base na análise, no caso, em uma análise antropólogica e sociológica, que permite penetrar no real social mais "verdadeiramente". Permite captar as relações sociais como elas são. E não como deveriam ser.

Quando chamam Gilberto de "meteco", em vez de argumentar justificando ou criticando a "decadência da cultura jurídica", os alunos apenas desqualificam o interlocutor.

Fogem da questão. No fundo, estão a dizer: "Não se mete nesta seara, a seara de produzir o conhecimento sobre a realidade brasileira é nossa!". Seara com métodos, profissionais e instituições solidamente definidas, das quais Gilberto Freyre não era membro.

A força de *Casa-grande & senzala* é justamente esta. No momento adequado explicitou a tendência para a desidealização do pensamento social brasileiro. Com isto, abriu as portas para as interpretações concorrentes e conflitantes sobre a realidade brasileira. Todos, mais intensamente, voltados para a análise, para o encontro do real, com métodos de desidealização do pensamento social brasileiro. O mérito é inaugurar uma nova arena disponível a solidários ou contrários. Seja inclusive Forestan Fernandes.

Não se pode, nem se deve, atribuir a uma só pessoa ou a uma só obra a capacidade de inaugurar uma nova sociologia, ou a moderna sociologia brasileira. Mas não se deve negar o mérito de *Casa-grande & senzala* em simbolizar um momento de síntese. Síntese, porque não apenas deixa clara a insuficiência do pensamento jurídico-social então dominante, enquanto pensamento social de fundo idealizador para explicar o Brasil, como vai mais além. Propõe um caminho novo. Desse caminho novo pode-se discordar. Mas do abrir de portas, para solidários e contrários, não.

Neste sentido, *Casa-grande & senzala* é ao mesmo tempo crítica e proposição. Negação e afirmação. Abrir e fechar. Destruição e construção. Ou, como diria o próprio Gilberto, mestre na arte de usar os advérbios, trata-se de um livro diante do qual se deve ter uma atitude criticamente construtiva sobre o pensamento social brasileiro.

61

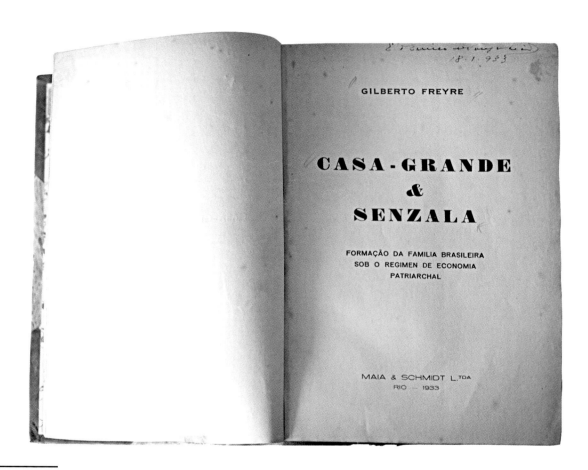

Gilberto Freyre. Casa-grande & senzala. *1. ed.*

A luta pelo trono[12]

1. O problema

As relações entre Gilberto Freyre e os professores de sociologia e ciência política da USP foram e são ainda de competição. Não se trata, porém, como à primeira vista parece ser, de competição menor, fruto de paixões políticas ou de temperamentos fortes, embora muitas vezes assim tenha sido. Nem muito menos competição de consequências restritas aos competidores. Ao contrário, estas relações afetaram, como afetam ainda, todo o Brasil. Fazem parte da competição maior, permanente e inerente a qualquer cultura e a qualquer nação. Desta competição, Gilberto participou. Sua obra travou luta digna, como trava ainda, com as obras dos intelectuais de formação, influência e militância marxista.

Quem teria formulado a única e verdadeira interpretação da formação social do Brasil? Quem foi capaz de nos dizer o que somos? Quem melhor apreendeu nosso signi-

---

[12] Publicado no livro *O imperador das ideias*. Organizadores: Falcão Joaquim e Rosa Maria Barboza de Araujo; Topbooks, 2001. p. 131-167.

ficado estruturador? Nosso *éthos*? Disputa-se, logo se percebe, o trono de intérprete do Brasil. Sem essa interpretação, dificilmente podemos entender nosso passado e construir o futuro. As relações entre Gilberto e a USP se estabeleceram e podem ser entendidas como disputa teórica sobre esta questão fundamental — quem somos nós?, sobre nossa própria identidade como nação. O que não é pouco. A importância é grande, logo se vê. Não há, pois, querer diminuí-la.

A começar pelo próprio Gilberto, que não deixava de reconhecer a importância de seus competidores: "O marxismo chamado científico e, por alguns dos seus apologistas, identificado como a sociologia científica ou com a história objetiva (...) é atualmente representado com inteligência e brilho, no Brasil, no campo dos estudos sociólogos, pelos professores Caio Prado Jr., Gláucio Veiga e Florestan Fernandes; e pelo discípulo do professor Fernandes — porventura mais lúcido do que o mestre — Fernando Henrique Cardoso, e com menor inteligência e maior ânimo faccioso pelos professores Octavio Ianni e Nelson Werneck Sodré".[13] Estão todos aí, com inteligência e brilho, os competidores paulistas principais: Caio Prado Jr., Florestan Fernandes, Octavio Ianni e Fernando Henrique. Falta apenas Antonio Candido. Foi com eles, algumas vezes mais do que contra eles, a batalha maior.

Quem começou a competição foi, involuntariamente, o próprio Gilberto ao escrever *Casa-grande & senzala*. Digo involuntariamente de propósito. Não acredito que, ao escrever seu principal livro, Gilberto tenha se dado como problema: ser ou não marxista, concordar ou não com a interpretação do materialismo histórico sobre a formação social do Brasil. O que começara a ser pauta indispensável para qualquer pensador social. Gilberto não tinha a intenção de se posicionar sobre a centralidade das lutas de classes para

---

[13] FREYRE, Gilberto. *Como e porque sou e não sou sociólogo*. Brasília: Editora da Universidade de Brasília, 1968. p. 32.

explicar o Brasil. Essa preocupação inexistiu nele, ainda que sua trilogia tratasse também de dominação e de classe sociais. Não há evidência histórica documentada, nem Gilberto era humilde o suficiente para se filiar a qualquer corrente de pensamento, para depender teoricamente de quem quer que fosse. Ao contrário, declarava-se escritor, buscando se fosse preciso a áspera independência: "Tende o escritor a ser por vezes asperamente individual para ser independente. Mas precisa por outro lado de não se fazer, precisa de não se desenvolver adstrito a uma classe ou a uma raça ou a um sistema ideológico fechado exclusivo".[14]

O fato é que, em 1933, tudo coincidentemente começou. Ao mesmo tempo que surge *Casa-grande*, surge também a primeira grande interpretação marxista sobre a formação social do Brasil: *Evolução política do Brasil*, de Caio Prado Jr. (bacharel em direito e livre-docente pela USP), seguida oito anos mais tarde pela *Formação do Brasil contemporâneo*. Pela importância deste duplo aparecimento, disse Antonio Candido sobre Caio Prado: "Em 1933 a minha geração havia sofrido o primeiro impacto da sua influência pelo livro *Evolução política do Brasil*, que abriu a fase dos estudos marxistas na visão panorâmica do país". Disse também sobre Gilberto: "Esse foi o Gilberto Freyre de nossa mocidade, cujo grande livro (*Casa-grande & senzala*) sacudiu uma geração inteira, provocando nela um deslumbramento como deve ter havido poucos na história mental do Brasil".[15] O jogo, que ainda não era luta, começara. A partir de 1933, na trajetória de nossas ciências sociais, vão se opor permanentemente a visão panorâmica de fundo marxista e a visão gilbertiana, uma redescoberta do Brasil, como a denominava Álvaro Lins.

Não se trata, pois, como muitos procuram limitar, de disputa pessoal ou regionalista, de interpretação nordestina *versus* interpretação paulista. O que ocorreu algumas

---

[14] FREYRE, Gilberto, *Como e porque sou e não sou sociólogo*, op. cit., p. 165.
[15] CANDIDO, Antonio. *Recortes*. São Paulo: Companhia das Letras, 1993. p. 82.

vezes, como consequência mais do que causa. Antes, tratou-se de saudável competição teórica, balizada pelos padrões de uma nova ciência social — a sociologia científica ou a história objetiva —, como reconhecia Gilberto, que os competidores, cada um a seu modo, procuravam forjar.

Mais tarde — sobretudo a partir de 1964 — a competição teórica se agravou diante de posições político-partidárias diametralmente opostas. A interpretação de cada um sobre o Brasil se confunde com a militância política dos próprios autores. Esta, ao se impor àquela, a circunstancializa, diminui o significado e reduz sua influência. Confere a ambas destino importante, mas menor. Faces da mesma moeda: a radicalização da política. Enfatizam-se divergências. Obscurecem-se convergências. A animosidade partidária, às vezes de vida e morte, forjou teorias sociais irreconciliáveis. Contaminaram-se. Reduziu-se momentaneamente a importância da competição para a história das ideias no Brasil. A trajetória ficou poluída. Até hoje. Até quando? É preciso reencontrar esta importância.

O fato é que Gilberto, quase sozinho, egocêntrico que era (para muitos, e para ele próprio, com razão...), munido com a trilogia *Casa-grande & senzala*, *Sobrados e mucambos* e *Ordem e progresso*, competiu com os mais importantes professores e pesquisadores da escola sociológica paulista, basicamente a sociologia crítica de formação ou influência marxista. Munidos de obras também fundamentais como *Evolução política do Brasil*, *Formação econômica*, *Revolução burguesa* e tantas outras.

Quem afinal ganhou? Quem foi para o trono? Quem formulou a verdadeira, única e exclusiva interpretação do Brasil sobre o Brasil? Quem nos disse por definitivo quem somos nós? Deste problema, tratamos neste texto.

2. As regras da competição

O epicentro de tudo foi o ano de 1933. Naquele momento, o Brasil começava a produzir e institucionalizava um novo saber social, enquanto conhecimento de si mesmo. Desde a década de 1920, surgiram novas faculdades, novos institutos e novos profissionais: os sociólogos, os antropólogos, os cientistas sociais, enfim. A missão não era somente formar profissionais, era também possibilitar uma explicação sobre a formação social do Brasil, que fosse objetiva e científica. E não apenas metafísica e subjetiva, como antes fizeram sobretudo as faculdades de direito e seus bacharéis. Agora, a sociologia voltava-se contra o direito. Os sociólogos, arautos da modernidade, contra os bacharéis, sócios do passado. Na Faculdade de Direito da USP, Gilberto Freyre pregava: "Mais análise e menos doutrina".[16] No Recife os estudantes de direito revidavam, chamando-o de meteco. A disputa era por explicar o Brasil, os juristas sediam o terreno. A Faculdade de Direito do Recife, que antes produzira Tobias Barreto, Silvio Romero, Clóvis Bevilácqua, está "tão pobre de grandes professores, tão vazia de estudantes verdadeiramente estudantes, tão estéril de produção intelectual, tão decadente em tudo, que o palácio atual, todo cheio de dourado, se assemelha aos olhos dos pessimistas a um caixão de morto glorioso".[17]

Quem somos nós? O que nos iguala e o que nos distingue de outro país, de outras formações sociais? Somos iguais aos europeus? Ou os trópicos nos fizeram diferentes, como advogava Gilberto? Havia um vácuo epistemológico. Responder a estas perguntas era a missão maior, institucional e profissional. A ambição de todos.

No entanto, para que a nova explicação, ou, como se dizia, a nova interpretação ou a visão panorâmica, do Brasil sobre o Brasil, assim se merecesse, teria de preencher

---

[16] FALCÃO, Joaquim, Mais análise e menos doutrina. *Folha de S.Paulo*, 24 ago. 1987. Folhetim, p. B10.

[17] In: FONSECA, Edson Nery da. *Gilberto Freyre e o Recife dos anos 30 e 40*. Rio de Janeiro: Academia Brasileira de Letras. p. 41.

alguns pré-requisitos. Quem quisesse competir teria que respeitá-los. Teria, por exemplo, de passar no teste espacial: formular uma interpretação que fosse válida para todo o território brasileiro, e não apenas para uma região, ou uma comunidade. Não poderia ser fragmentada e setorial. Não mais estudos regionais. A ambição agora é nacional.

Teria também de passar no teste temporal, isto é, ser permanentemente válida: de 1500 até os dias de hoje e os dias de amanhã também. Não poderia ser transitória ou conjuntural. Pois a ciência acreditava-se atemporal. Não mais apenas as datas querelas do Brasil Colonial ou do Brasil Império. A ambição agora é também trans-histórica.

Finalmente, teria de abranger a diversidade das classes sociais, das raças e das culturas formativas de nosso país. Não mais apenas a unilateral história de nossa elite branca, católica e europeia. Era preciso ampliar socialmente o Brasil, reduzido pelo elitismo interpretativo da maioria dos bacharéis. Ser inclusivo. A ambição agora é trans-social também.

Em suma, a interpretação que o Brasil queria do Brasil teria de obedecer a, no mínimo, três pré-requisitos básicos: ter ambição espacial, explicar todo o Brasil; ter ambição temporal, explicá-lo permanentemente; e ter ambição social, explicá-lo sem exclusões de classes.

Tripla ambição, muita ambição, regras preliminares a moldar o novo jogo da criação intelectual e científica. Gilberto e USP concordavam com elas, nisto estavam unidos. A partir daí, porém, divergiam e competiam. Pois, sabemos todos, é impossível competir sem primeiro estabelecer regras e objetivos comuns. O acordo prévio viabiliza o desacordo posterior. Sendo o trono o objetivo comum. O trono onde se encontram o desempenho profissional e o poder das ideias coroando a vida dos competidores. O indicador definitivo do sucesso maior: a influência intelectual capaz de explicar o passado e moldar o futuro. O que mais pode um intelectual desejar para si e para seu país? Quem produziria o conhecimento irrefutável, de tal modo abrangente e permanente, acima dos subjetivismos, capaz de revelar para sempre a natureza de nossa formação social? Quem seria o Imperador das Ideias sobre o Brasil?

Sobre o conteúdo do trono, o poder das ideias, a capacidade de influenciar o país, diria Octavio Ianni: "(...) a sociologia, a sociedade vista no presente e em perspectiva histórica. O saber racional, científico, é mobilizado, em escala crescente, dentro e fora da universidade, nas esferas do poder econômico e político, nos partidos políticos, movimentos sociais e outros círculos, para fundamentar 'decisões de significação vital para as coletividades', ou setores dela".[18] Eis aí o poder maior: fundamentar decisões de significação vital para as coletividades. Pensar o Brasil, para fazer o Brasil.

Na medida em que este novo saber social se opunha ao saber produzido pelas faculdades de direito, havia outra importante regra a ser respeitada, talvez a regra de ouro do conhecimento científico de então. Que regra foi essa?

Para sociólogos, antropólogos, historiadores e mais tarde cientistas políticos, o teste da realidade torna-se indispensável. O compromisso com o real, com o socialmente concreto, era uma reação à visão excessivamente idealizadora, metafísica ou formal do Brasil, que então prevalecia. Fruto com certeza da influência do juridicismo de fundo jusnaturalista, e portanto católico, dos bacharéis. O positivismo, que então começava a prevalecer, exigia a confirmação científica das teorias. Procurava-se, pesquisava-se o que estava posto, positivado, e não o que era idealizado. As ciências sociais se aproximavam dos padrões metodologicamente mais rigorosos das ciências exatas. O real se opunha ao ideal. O verificável se impunha ao invisível, mesmo ao invisível divino. O concreto, ao abstrato. O objetivo, ao subjetivo. A razão, à emoção. A história, ao romance. A ciência, à ideologia.

Daí a quase obsessão de Gilberto por toda a evidência concreta, inventando, recolhendo, ou melhor, identificando novas fontes de pesquisa, os anúncios de jornais, as cartas, receitas de comida, vestuário, diários íntimos e testamentos. Daí, por exemplo, o interesse de Caio Prado Jr. pela geografia, que Antonio Candido, no sugestivo título "A força

---

[18] In: IANNI, Octavio. *Sociologia da sociologia*. 3. ed. São Paulo: Ática, 1989. p. 89.

do concreto", descrevia: "(...) partiu do substrato físico (...) para chegar ao universo das instituições. Ao universo das instituições que moldaram nossa formação social".[19] Caminhos diferentes da mesma tendência metodológica: menos Platão e mais Aristóteles.

Sobre este período, e sobre ambos, Gilberto e Caio, diria Florestan Fernandes: "A análise histórico-sociológica da sociedade brasileira se transforma em investigação positiva". Este acontecimento marca, no plano intelectual, a primeira transição importante, no desenvolvimento da sociedade do Brasil, para padrões de interpretação propriamente científicos. O processo se inicia com as obras de F.J. Oliveira Vianna... Mas só se torna completo nas contribuições de Gilberto Freyre, considerado por muitos como o primeiro especialista brasileiro com formação científica, e de Caio Prado Jr".[20]

O compromisso empírico-científico era com dados quase exclusivamente físicos, como se o social, agora verificável, pudesse ser tocado e apalpado, visto com as mãos. A consequência decisiva do novo método era nítida: só uma interpretação seria verdadeira, a outra seria falsa. Pois a realidade social, postulava-se, é somente uma. Donde, só uma interpretação da formação social do Brasil sobreviveria. Só um seria o Imperador das Ideias: aquele cuja interpretação fosse verificada pela comprovação metodológica. O resto não era ciência. A condição número um é a implantação da ciência no Brasil, defendia Florestan.[21]

O resto era ideologia. Ou doutrina, como diziam antigamente os bacharéis. Aliás, doutrina, como o nome diz, é a opinião dos doutos, opinião de sujeitos doutos. A nova ciência dispensava o sujeito, era quase só objeto. O materialismo histórico enquanto método dispensava o autor. O método assegurava a neutralidade. O resto era quase literatura, como os paulistas de quando em vez acusavam Gilberto. Carlos Guilherme Mota, professor

---

[19] D'INCAO, Maria Angela (Org.). *História e ideal*: ensaios sobre Caio Prado Jr. São Paulo: Brasiliense; Unesp, 1989.

[20] Forestan fernandes in: IANNI, Octavio. *Sociologia da sociologia*. 3. ed. São Paulo: Ática. p. 90.

[21] MOTA, Carlos Guilherme. *Ideologia da cultura brasileira, 1933-1974*. São Paulo: Ática, 1977. p. 187.

da USP, chega mesmo a comparar as reflexões de *Casa-grande* com as do romance italiano *O Leopardo*, de Lampedusa. "Não estariam situados no mesmo eixo?", pergunta.[22] *O Leopardo* e *Casa-grande* entretêm, mas não explicam.

Eis aí, sucintamente, as regras da competição. Uma mesma pauta: produzir uma explicação nacional, trans-histórica e trans-social do Brasil. Uma mesma regra da validade: passar na comprovação científica, fonte de toda racionalidade e verdade. O que não era fácil. Para muitos era impossível. Como lembra Florestan, "o sociólogo não possui laboratório. Por isso ele enfrenta muitas dificuldades que não existem (ou aparecem com intensidade desprezível) nas ciências nas quais é possível pôr em prática a investigação experimental. A maior dessas dificuldades surge de um fato simples: o sociólogo elabora as normas e os critérios experimentais de descoberta e de verificação da verdade".[23]

Como fazer então? Como verificar a verdade sem os meios experimentais? Como combater o adversário, provando que a verdade estava de seu lado, e não do outro? A tarefa não era fácil. Os competidores enfrentavam graves, e talvez insuperáveis, dificuldades. Para suplantá-las, uma das táticas utilizadas foi fundamental. É preciso focalizá-la. Ela nos permite entrever a natureza, os limites, os erros e os acertos, a evolução enfim desta luta pelo trono. Vejamos.

3. A construção do adversário

A tática comum era a seguinte: combater o adversário era ao mesmo tempo construir o adversário. Era indispensável definir-lhe os contornos, os conceitos e preconceitos, e, sobretudo, filiá-lo aos paradigmas teóricos preexistentes, como estava em plena moda: ou dialético ou sistema, ou estruturalista ou funcionalista, ou marxista ou weberiano, e

---

[22] Ibid., p. 63.
[23] FERNANDES, Florestan. *A sociologia no Brasil.* Petrópolis: Vozes, 1977. p. 179.

por aí íamos dicotomicamente. Era preciso fornecer-lhe um documento de identidade teórica. Ou seja, os professores da USP, para combater Gilberto, tinham antes de ler e dizer o que Gilberto disse, ou seja, interpretar Gilberto. Vinculá-lo a um paradigma. Só então se poderia combatê-lo. Ao fazê-lo, paradoxalmente, combatia-se sua própria interpretação! E vice-versa. Gilberto tinha que precisar o cerne do pensamento marxista da USP, ao ler, interpretar seus competidores, para só então, e depois, deles discordar. Em suma, os competidores não eram dados, eram construídos, durante a própria competição, pelo adversário.

Assim, ler e descrever o outro eram ao mesmo tempo interpretá-lo. A tarefa era dupla: ao atirar, construir o alvo. O que por si só causava grande confusão, imensa polêmica. Como saber se a interpretação de um sobre o outro era descrição fiel? Como separar descrever de interpretar? A leitura produzida era assepticamente a descrição do outro, ou a contaminada interpretação contra o outro? Este é o problema fundamental das ciências sem laboratório. Roberto Mangabeira Unger, anos mais tarde, enfrentando o mesmo problema em outra área, a política, vai defender o método da interpretação descritiva.

Delinear a corrente marxista, enquadrar teoricamente os paulistas era tarefa aparentemente fácil. Eles próprios se autodescobriam marxistas, orgulhavam-se da filiação ao materialismo histórico, maneira de participar da vanguarda intelectual de origem europeia. Diria Florestan: "(...) deixei explícita a minha própria via, endossando o materialismo histórico (...)".[24] Diria Antonio Candido em nome de todos: "Ao evocar esses impactos intelectuais sobre os moços entre 1933 e 1942, talvez eu esteja focalizando de modo restritivo os que adotavam posições de esquerda, como eu próprio: comunistas e socialistas coerentemente militantes ou participando apenas pelas ideias".[25] Sobre Caio Prado Jr. diria Heitor Ferreira Lima: "Esta a origem, estas as atividades e este o perfil de Caio Prado Jr.:

---

[24] Ibid., p. 181.
[25] CANDIDO, Antonio. O significado de Raizes do Brasil (prefácio). In: HOLANDA, Sergio Buarque de. *Raízes do Brasil*. Rio de janeiro: Livraria José Oympio Editora, 1971. p. XIII.

ainda um prado, mas de postura ideológica e política diferente da de seus antepassados — uma postura atualizada, fundada no marxismo como método e na sociedade sem classes como objetivo".[26]

Já enquadrar teoricamente Gilberto Freyre era árdua tarefa. Como e onde classificar a sua redescoberta do Brasil? Como e onde classificar um autor que se autodefinia não como marxista, nem como antimarxista, mas simplesmente como pós-marxista? Para confundir mais ainda, alguns críticos, como Nilo Odália, achavam justamente o contrário. O próprio Gilberto teria adotado uma perspectiva marxista em *Casa-grande*, por exemplo, no capítulo sobre os negros. E pior, negava-se weberiano: "Não admito ter sido influenciado senão indiretamente pela teoria de Max Weber, na minha concepção da história da formação social brasileira (...)".[27]

Como classificar um autor que não se cansava de revelar suas influências, sobretudo norte-americanas e europeias, mas ao mesmo tempo pretendia não ter sido por elas delimitado? Pretendia ter ido mais além. Um autor que se confessava anárquico, um tanto personalista, um tanto impuro, um tanto contraditório, um tanto desordenado. Um competidor sem paradigma e ao mesmo tempo sem profissão definida. Quando tentavam enquadrá-lo como sociólogo ou antropólogo, ou mesmo historiador social, ele se reivindicava apenas escritor. Pretendia-se gênero, e não espécie.

Enquanto indivíduo, por exemplo, tanto quanto intelectual, quanto mais contraditória e paradoxal era sua personalidade, mais realizado parecia estar. A ponto de, sendo heterossexual, revelar-se em experiência homossexual. Além de ser provinciano, se dizia e era cosmopolita. Adepto da rotina, tanto quanto da aventura. Defensor da tradição, mas adorando antecipações. Um pensador que se definia como acatólico e inacadêmico. Regionalista e internacional. Capaz de defender com igual ímpeto convergências e divergências.

---

[26] D'INCAO, Maria Angela (Org.). *História e ideal*, op. cit., p. 21.
[27] FREYRE, Gilberto. *Como e porque sou e não sou sociólogo*, op. cit., p. 146.

Um autor que se dizia e se orgulhava de ser, até o fim, incompleto como anotara em seu livro *Tempo morto e outros tempos*: "Se depender de mim, nunca ficarei plenamente maduro nem nas ideias nem no estilo, mas sempre verde incompleto experimental".

Dizia-se de si mesmo, como bonomia: " Não sei definir-me. Sei que sou muito consciente de si próprio. Mas esse eu não é um só. Esse eu é um conjunto de eus. Uns que se harmonizam, outros que se contradizem. Por exemplo, eu sou numas coisas muito conservador, e noutras muito revolucionário. Eu sou um sensual e sou um místico. Eu sou um indivíduo muito voltado para o passado, muito interessado no presente, e muito preocupado com o futuro. Não sei qual dessas preocupações é a maior... Sou sedentário, e ao mesmo tempo nômade. Gosto da rotina e gosto da aventura. Gosto de meus chinelos e gosto de viajar. Meu nome é Gilberto Freyre".[28]

Por tudo isto, a primeira tarefa paulista — enquadrar Gilberto Freyre num paradigma teórico preexistente —, construir o adversário, indispensável para refutar suas teses e vencê-lo, era quase impossível. Ou se concordava com as ambiguidades, contradições e incompletudes defendidas a ferro e fogo pelo próprio Gilberto, construindo-o como alvo movente, e aí o ataque era difícil. Havia sempre a possibilidade de uma inesperada posição nova. Ou se fixava formalmente o adversário, com dose talvez excessiva de escolhas arbitrárias, selecionando-o, recortando-o. Neste caso, o adversário podia sempre questionar a arbitrariedade ideológica das seleções. Parodiando, questionava-se o corte epistemológico. Para Gilberto, o Gilberto da USP não era ele. Era apenas um preconceito paulista.

Carlos Guilherme Mota muito bem explicita as difilculdades para enquadrar a obra de Gilberto num paradigma teórico politicamente predefinido: "Freyre desenvolveu uma série de mecanismos e artifícios para não ser facilmente localizável. Em certo sentido coloca-se como sociólogo; em outro sentido não. É um liberal, mas critica os liberais (o libe-

---

[28] In: QUINTAS, Fátima. Tristes trópicos ou alegres trópicos? O lusotropicalismo em Gilberto Freyre. *Ciência e Trópico*, Recife, v. 28, n. 1, p. 21-44, 2000.

ral não resolve nada porque foge das soluções); e também um 'revolucionário', porém, um revolucionário conservador. Frequentes vezes diz fazer uma quase ciência. Quando sua localização começa a ser feita, no terreno das linhagens antropológicas, transforma-se em simples escritor. Antonio Candido, aliás, já chegou a apontar o sentindo profundamente dialético na sua teima de se considerar escritor: uma dialética, vale complementar, que serve apenas para indefinir suas reais coordenadas. Que esconde esta postura?".[29]

Não importam as dificuldades, para a história das ideias sociais: naquele momento era indispensável construir o adversário, fixar determinada leitura da obra, com duplo objetivo. Primeiro, ser aceita como representativa do pensamento de Gilberto. Gozar de razoável aceitação na comunidade dos cientistas sociais. Segundo, ser capaz de vinculá-la, como já anotamos, a um paradigma científico e, na ausência, a uma ideologia política pre-existente. De preferência, a ambos.

Tarefa de isenção quase impossível. O leitor selecionador era o cientista competidor. Juiz e jogador ao mesmo tempo. O resultado da leitura não estaria definido aprioristicamente, ou pelo menos fortemente influenciado, pelos interesses competitivos de leitor? De Florestan sobre Gilberto? E de Gilberto sobre Florestan? O fato porém é que, para a história das ideias sociais no Brasil, diante da competição que a molda, Gilberto Freyre foi a leitura que a USP fazia de Gilberto Freyre. E vice-versa.

Não raramente, Gilberto exagerava na dependência teórica marxista dos seus competidores. Como se fossem importadores, muito mais do que criadores de teorias sociais. O que não quer dizer que tenham sido necessariamente leituras falsas e deturpadas. Nem uma, nem outra. Mas foram com certeza metodologicamente contaminadas pelas táticas e estratégias, ênfases, nuances, relevâncias e obscurecimentos, devido ao lugar que cada um ocupava na disputa pelo trono.

---

[29] MOTA, Carlos Guilherme. *Ideologia da cultura brasileira*, op. cit., p. 64.

Não é dificil, pois, perceber as dificuldades desta nova sociologia, ciência sem laboratório, em atingir o ideal da objetividade. *Casa-grande & senzala*, por exemplo, comporta milhares de leituras possíveis e plausíveis. Como qualquer obra, aliás. Sobretudo se a reconhecermos como obra altamente complexa, incompleta e contraditória que é, e sempre quis ser. "Mas não haverá nos livros incompletos, nos escritores incompletos, nas criações inacabadas, um encontro, um mistério, uma provocação que falta às obras completas, às criações de todo realizadas, aos escritores que de sugestivos passam triunfalmente a exaustivos?", dizia Gilberto.[30] A partir daí o desafio é identificar os fatores que contaminam o leitor e moldam a leitura. São inúmeros, são contaminações de ordem pessoal e institucional também.

Fernando Henrique, já presidente da República, disse certa feita que a então oposição a Freyre deveria ser entendida em perspectiva à pretensão da USP de criar uma universidade onde não se produzisse ideologia. Se assim foi, é fácil entender. A percepção teórica que os paulistas tinham de Gilberto era influenciada por uma sincera, saudável e legítima pretensão institucional uspiana. Uma pretensão que o próprio Gilberto já reconhecera: produzir sociologia científica ou história objetiva. Mas, por mais legítima e sincera que fosse, a consequência principal sem a qual não haveria sobrevivência institucional era óbvia: a USP produz ciência. A ciência sou eu! Quem de mim discorda produz ideologia, como o mestre de Apipucos. Esta leitura, ou como cautelosamente coloca Fernando Henrique, esta percepção fruto de uma pretensão, classificou *Casa-grande & senzala* como um olhar benevolente no modo de tratar os escravos.

A leitura da USP, porém, não era nem é a única leitura possível. Longe disto. Hermano Vianna e milhares de outros leitores, ao lerem *Casa-grande* questionam, discordam mesmo, desta benevolência: "Como dizer que *Casa-grande & senzala* criou uma imagem idílica da sociedade brasileira se, logo no prefácio de sua primeira edição, aprendemos

---

[30] FREYRE, Gilberto. *Retalhos de jornais velhos.* Rio de Janeiro: José Olympio, 1964. p. 107-108.

que os senhores mandavam "queimar vivas, em fornalhas de engenho, escravas prenhes, as crianças estourando ao calor das chamas", ou ouvimos a história de um senhor que, na tentativa de dar longevidade às paredes de sua casa-grande, "mandou matar dois escravos e enterrá-los nos alicerces? Que país é esse? Que paraíso tropical é esse?".[31] De nenhum modo a leitura da benevolência feita pela USP, em nome da ciência, foi exclusiva e permanente. Ao contrário, com o correr dos tempos irá sendo revista e nuanceada, como hoje.

Por mais que a USP e Gilberto se filiassem ao positivismo científico, ainda que em correntes antagônicas, ambos eram incapazes de aferir, comprovar ou refutar, empiricamente, a totalidade da verdade ou das falsidades do adversário. Por mais que se pretendessem e fossem influenciadas pelas metodologias das ciências ditas exatas, as interpretações sobre o Brasil não cabiam dentro de uma sociologia científica. Inexistem métodos, padrões, evidência comum, meios experimentais, como diria Florestan, que permitissem a um derrotar o outro. O rico debate acadêmico que se travava era inconclusivo. Ambas as posições eram positivamente irreversíveis. A luta pelo trono limitava-se muitas vezes a escaramuças fragmentadas, capazes de causar danos setoriais, mas não irreversíveis. Nada mais. Os paulistas chamavam Gilberto de ensaísta, e não de cientista. Pesquisador regional, não nacional, idealizador e não explicador da formação social brasileira. No fundo, ser científico para o materialismo histórico era crer na centralidade da luta de classes como a categoria explicativa exclusiva e fundamental. Gilberto, no entanto, olhava para o Brasil, via a vida íntima dos dominantes e dos dominados e ali não encontrava apenas luta. Encontrando-a, não reconhecia sua centralidade. Não concordava com este dogma.

Para todos, o risco era o debate se transformar em debate de bacharéis, sobre o invisível, sobre uma realidade social não verificável. Para evitá-lo era necessário terminá-lo, encerrar a competição, ter um vencedor. Mas como? De que maneira?

---

[31] VIANNA, Hermano. Equilíbrio de antagonismos. *Folha de S.Paulo*, 12 mar. 2000. Mais!, p. 20-22.

4. A infrutífera busca do árbitro imparcial

Gilberto e a USP partiram então em busca de um árbitro impessoal capaz de dizer o final, e coroar o Imperador das Ideias. Foram buscar o árbitro-autoridade, o que em retórica se denomina de o "argumento de autoridade", de terceiros, estranhos aos competidores, a quem reconheciam legitimidade. Argumentos que acatamos menos pelo que é dito e mais por quem o diz. No fundo, troca-se a verificação da verdade pela legitimidade do árbitro. A aceitação do resultado está muito mais na crença na autoridade do que no conteúdo da sentença. A aceitação é mais um ato de fé política do que uma evidência experimental.

A luta teórica se desenvolve então como uma incessante busca de adesões político-científicas. Todos saem à procura de uma autoridade decisória, por caminhos diferentes. Mas, assim como não houvera consenso sobre a interpretação do Brasil, nem sobre o conceito de ciência, não vai haver também sobre quem seria a autoridade, o árbitro imparcial. O resultado é óbvio: Gilberto e a USP elegeram cada um sua própria autoridade, árbitros diferentes. Quais?

Gilberto estava sob dois ataques cerrados. A USP o estigmatizava como racionalizador da política colonial portuguesa e o desqualificava como cientista social, tratando-o como um romanceador, o Lampedusa da realidade brasileira. Para se defender, elege dois árbitros. Um, permanente, que lhe acompanhará a vida toda, desde a publicação de *Casa-grande*: o reconhecimento científico internacional. Outro, já no fim da vida, naquele momento o mais reconditamente preferido: os próprios intelectuais marxistas.

Mil vezes invocava, por exemplo, o reconhecimento norte-americano e, sobretudo, europeu, como árbitro capaz de coroá-lo Imperador das Ideias. Ali sim, no além-mar, a leitura era isenta. Europa e Estados Unidos não eram como São Paulo, onde interesses pessoais e institucionais contaminavam qualquer leitura. Lá estavam as autoridades desinteressadas, pois, estando fora da competição, eram juízes, e não jogadores. Gilberto não se cansa de citar e de apregoar depoimentos estrangeiros sobre a excelência, a inovação, a objetividade e a cientificidade de sua obra. Reconhecimento que começava por sua própria formação socioantropológica com os líderes da nova profissão como Franz Boas. Centenas de intelectuais, filósofos e cientistas sociais estrangeiros se sucedem no tempo. Atestam a originalidade e cientificidade de sua obra. Sua metodologia, ou, como gostava de dizer, sua transmetodologia inovadora para apreender a vida privada dos cidadãos será mundialmente utilizada. A lista é quase interminável. Intelectuais de várias profissões, de várias nacionalidades, e de várias correntes ideológicas. Nomes como Ortega y Gasset, Frank Tannenbaum, Lucien Febvre, Roland Barthes, Jean Duvignaud, Fernand Braudel, Alfonso Reyes, Roger Bastide, e muitos outros.

Ao encontrar no estrangeiro o que lhe negavam no sul do país, a personalidade autocentrada de Gilberto é aprisionada por um insistente autoelogio. A ponto do ferino crítico Agripino Grieco afirmar que era desnecessário aos críticos elogiarem Gilberto Freyre. Por simples razão: o próprio Gilberto já o fazia suficientemente! No fundo, porém, independentemente das conotações narcisísticas que esta atitude sugere, ela foi basicamente uma tática de sobrevivência na disputa pelo trono.

Mesmo com apoio de dois ex-fundadores da sociologia e história uspianas — Roger Bastide e Fernand Braudel —, o reconhecimento internacional não foi suficiente para convencer os paulistas da USP. Carlos Guilherme Mota, por exemplo, cunhou duas explicações para tanto reconhecimento, no fundo explicações desqualificadoras. Uma, explicação sociológica: quando a República Velha perdeu o poder, Gilberto, membro deste estamento, teria perdido o apoio que o legitimava. Precisou obter outros. Outra, explicação psicológica: tudo não passaria de volúpia e exasperação, sintoma de crise...[32] Assim, os títulos de doutor *honoris causa* em importantes universidades estrangeiras eram apenas símbolos feudais internacionais; Fernand Braudel, ao afirmar que Gilberto era, de todos os ensaís-

---

[32] MOTA, Carlos Guilherme. *Ideologia da cultura brasileira*, op. cit., p. 64.

tas, o mais lúcido, o fez por que estaria ofuscado pelo próprio Gilberto; já Roland Barthes o teria elogiado porque antes fora integrado e diluído também por Gilberto. O ataque paulista ao reconhecimento internacional de *Casa-grande & senzala* é sutil. Não nega a autoridade de Braudel, de Barthes, da Universidade de Munster, os prêmios Príncipe de Astúrias, ou o de Aspen e tantos outros. Mas não entra no mérito do reconhecimento. Desqualifica seu significado.

No final de sua vida, nos anos setenta, sem abandonar a compulsiva busca do apoio dos cientistas e universidades estrangeiros, outro árbitro recôndito, eleito por Gilberto, vai aparecendo. Trata-se paradoxalmente dos próprios competidores: o aplauso do inimigo. Aliás, Gilberto já recebera, no passado, reconhecimentos não contabilizados pela USP, de importantes líderes comunistas brasileiros. Talvez por advir de não cientistas, como Jorge Amado e Astrogildo Pereira, não fora suficiente.

No correr dos anos, Gilberto estimula, divulga e se delicia quando, aqui e acolá, nas hostes adversárias, surge a preciosa adesão. Sendo a maior de todas, a do maior dos antropólogos brasileiros, de insofismável matriz marxista: Darcy Ribeiro. Este crucial competidor se transformou no árbitro mais desejado quando sentenciou: "Abro este ensaio com tão grandes palavras porque, muito a contragosto, tenho que entrar no cordão dos louvadores. Gilberto Freyre escreveu, de fato, a obra mais importante da cultura brasileira. Com efeito, *Casa-grande & senzala* é o maior livro dos brasileiros e o mais brasileiro dos ensaios que escrevemos".[33] E por aí vai. O que mais poderia desejar o antropólogo Gilberto Freyre? Um aliado decisivo contra a USP. Sintomaticamente, Darcy não era paulista e escreveu o ensaio para uma edição de *Casa-grande* no estrangeiro.

Ainda em vida, na década de oitenta, Gilberto tentou o apoio de Fernando Henrique. Não conseguiu. Na verdade, suas relações com Fernando Henrique foram marcadas

---

[33] RIBEIRO, Darcy. *Gentidades*. Porto Alegre: L&PM, 1997. p. 8. (L&PM Pocket, v. 44)

por distantes desencontros. A história da luta pelo trono talvez tivesse sido outra se Gilberto tivesse aceito os insistentes convites de Florestan Fernandes. Foram pelo menos três, para participar da banca de defesa de Fernando Henrique. "Agora o principal objetivo desta carta: os dois primeiros doutoramentos da Cadeira de Sociologia I, a realizar-se em breve, de candidatos que trabalharam sob minha orientação, devem ocorrer dentro deste semestre. Os candidatos são seus conhecidos e admiradores: Fernando Henrique Cardoso e Octavio Ianni. Os trabalhos versam sobre assuntos de sua principal área de estudos — a Sociedade senhorial brasileira, só que agora vista do ângulo das relações entre senhor e escravo no sul do Brasil (Porto Alegre e Curitiba). Queríamos prestar-lhe uma homenagem, que constitui ao mesmo tempo uma honra para nós, pedindo-lhe para participar da banca examinadora. Poderia fazer um sacrifício e aceitar esse encargo?".[34] A família de Gilberto insistiu para que ele aceitasse, fosse a São Paulo, entrasse na USP. Teria encontrado Caio Prado Jr., Florestan e Fernando Henrique juntos. O que poderia ter mudado a história. Gilberto negou-se. Até hoje nem sua família, nem ninguém, sabe a razão da recusa. Anos mais tarde, final da década de setenta, Gilberto convidou, insistiu mesmo para que Fernando Henrique fosse a sua casa, participasse como conferencista de seu Seminário de Tropicologia na Fundação Joaquim Nabuco, em Apipucos. O tema fora proposto pelo próprio Gilberto: o tema seria ele mesmo! Fernando Henrique desculpou-se. Não foi.

A USP, por sua vez, também buscava um árbitro imparcial, capaz de confirmar sua leitura de Gilberto Freyre como racionalizador da colonização portuguesa, filho da República Velha, defensor da oligarquia canavieira, romanceador mais do que cientista, intérprete regional e não cientista nacional. Em vez de árbitros estrangeiros, elegeu, porém, a comunidade dos jovens e criativos novos cientistas sociais brasileiros. Que, aliás, ela mesmo a USP, com sua liderança institucional, a excelência de seus professores e pesquisadores, muito influenciava, ajudava a moldar e formar. Novos cientistas espalhados

---

[34] Carta de Florestan Fernandes a Gilberto Freyre em 7 de abril de 1961.

por todo o Brasil. O árbitro imparcial eram ex-alunos e pesquisadores de matriz marxista espalhados país afora.

Uma das táticas destes árbitros foi ignorar em seus cursos acadêmicos *Casa-grande & senzala*, sob argumento de que se tratava de ideologia e não sociologia. Quando incluído nos cursos de sociologia, *Casa-grande* era exemplo a não seguir. O que é compreensível. Não se ensina o adversário, defensor da colonização lusitana. Inclusive na própria Universidade Federal de Pernambuco. Isto nos anos 1960 em diante. A USP, a bem da verdade, nas décadas de 1930 e 1940 reconhecera *Casa-grande* como obra fundamental das ciências sociais brasileiras. Agora não mais. Aliás, não só o meio acadêmico, mas a esquerda em geral impôs a Gilberto o silêncio. Carlos Guilherme Mota lembra que Nelson Rodrigues dizia: "Querem assassiná-lo pelo silêncio. A esquerda festiva nos jornais exila Freyre".[35]

A USP negava a Gilberto, às vezes com excessiva veemência, o título de Imperador. Os argumentos eram múltiplos. Florestan, por exemplo, depois de ter reconhecido o compromisso empírico de Gilberto, o desqualifica. Numa comparação claramente competitiva com Caio Prado Jr., diz: "Não se trata de história metafísica, de uma tentativa de explorar a intuição. Ele (Caio Prado Jr.) não repete Gilberto Freyre, que também forra seus trabalhos de documentação empírica. Mas essa documentação pode ser posta em questão, em qualquer momento, sob critérios de pesquisas mais exigentes. Eu mesmo fui levado a pôr em questão a documentação de Gilberto Freyre, a cada assunto que estudei na trajetória de meu trabalho intelectual. Já isso é impossível com Caio".[36] Gilberto seria falsamente empírico.

O mesmo Florestan reduz a ambição trans-social e trans-histórica de Gilberto quando diz: "(...) é forçoso reconhecer que os conhecimentos obtidos são unilaterais (pen-

---

[35] MOTA, Carlos Guilherme. *Ideologia da cultura brasileira*, op. cit., p. 72.
[36] D'INCAO, Maria Angela (Org.). *História e ideal*, op. cit., p. 31.

samos principalmente nas contribuições mais significativas de Oliveira Vianna, Gilberto Freyre, Nestor Duarte e Fernando Azevedo) e essa uniteralidade nasce da redução do macrocosmo social inerente à ordem estamental e de castas ao microcosmo social inerente à plantação ou engenho e fazenda".[37] Gilberto falhara também no teste da interpretação nacional e trans-social.

A pretensão de Gilberto, claro, era outra. Ia muito além. Ultrapassava as fronteiras da própria história social brasileira: "Veio-me então a ideia de escrever um trabalho social que abrisse novas perspectivas à compreensão e à interpretação do homem através de uma análise do passado e do *éthos* da gente brasileira".[38] Note-se: a pretensão é dupla: a compreensão do homem em geral, e do *éthos* brasileiro, em específico. E não apenas o *éthos* do período da escravidão. De propósito, fazia questão de enfatizar que a sua era a teoria social brasileira, como se a da USP, sendo marxista, fosse apenas uma teoria social europeia transplantada.

Mesmo assim, a maioria de cientistas sociais brasileiros da nova geração quando não desqualificava Gilberto como ideólogo do pensamento conservador, filho da República Velha, como escreveu Carlos Guilherme Mota, um dos mais brilhantes e influentes ex-alunos de Florestan, retirava-o dos cursos e o isolava em Apipucos. Reconhecendo-lhe, no máximo, relevância regional. *Casa-grande* explicava o Nordeste, mas não o Brasil. Gilberto, é obvio, sempre que podia, reagia dizendo que *Casa-grande & senzala* expressava o complexo mais característico da formação patriarcal e escravocrata do Brasil; do Brasil inteiro e não apenas de um dos Brasis, seja do Nordeste ou não.[39]

---

[37] Florestan Fernandes apud IANNI, Octavio. *Sociologia da sociologia*, op. cit., p. 102.
[38] FREYRE, Gilberto, *Como e porque sou e não sou sociólogo*, op. cit., p. 126.
[39] Ibid., p. 115-147.

A busca por um árbitro imparcial encontrou dois, um para cada competidor. A USP, legitimando sua leitura de Gilberto Freyre a partir do apoio majoritário, pelo menos nos anos 1960 e 1970, da maioria dos cientistas sociais, praticando uma sociologia crítica cada vez mais denunciadora das desigualdades sociais, jurídicas e políticas. Gilberto, sem seguidores de peso, como bem observou Luiz Felipe Baeta Neves, legitimava-se a si próprio através do apoio internacional e de um incipiente, mas sempre crescente, reconhecimento de cientistas sociais líderes, de matriz marxista, brasileiros não paulistas. Inexistindo o árbitro imparcial comum, capaz de colocar um fim, a competição cresceu, se reproduziu, cristalizou-se e chegou até nós.

A luta continuou sem fim. O trono sem imperador.

As duas tentativas de decidir a luta fracassaram. Por um lado, inexistia um conceito de ciência e uma metodologia científica que, tendo o acordo dos contendores, atuasse como um *tercius* imparcial a refutar ou confirmar a veracidade das concorrentes interpretações sobre a formação social do Brasil. Elegesse a interpretação científica vencedora. A outra, ideológica, perdedora. Por outro lado, a busca de um árbitro legitimado como autoridade comum, capaz de emitir uma sentença, sob a forma retórica do argumento de autoridade, fracassara também. Cada um escolheu árbitros diferentes. O reconhecimento internacional *versus* os jovens cientistas sociais brasileiros. Não houve consenso. A luta continuou. E pior, um outro caminho, a terceira tentativa para desempatar os competidores, em vez de terminar, tornou tudo mais grave. Que caminho foi este?

5. A luta se agrava, ou a chave do enigma

A saída foi vincular a eventual validade científica da obra às características pessoais dos autores. Aquela seria produto destas. Conhecê-las seria fundamental. Explicando esta vinculação, dizia Florestan sobre Caio Prado: "Em primeiro lugar, gostaria de salientar que nós, intelectuais, quase sempre estudamos a obra. Nas biografias sondamos um pouco a pessoa, mas com a ideia de chegar à obra. No entanto o intelectual é um produtor. Todo ser humano é um produtor. Produtor de várias coisas e até reprodutor. Quando se pensa em Caio Prado Junior, como em qualquer outro intelectual de grandeza criativa, inventiva, é muito importante chegar à pessoa, aquele que produziu a obra. É ali que está a chave do enigma".[40] Enigma que podia ser decifrado de várias maneiras: vinculando a obra à personalidade do autor, à sua classe social de origem, e, sobretudo, à sua militância política.

O egocentrismo e a personalidade midiática de Gilberto tornaram-se presa fácil de todo tipo de ataque. Antonio Candido, vinculando a obra à personalidade, dizia, sobre o que ele entendia ser a sociologia cultural de Gilberto: "Veja você o nosso mestre Gilberto Freyre — a que ponto está levando o seu culturalismo. Suas últimas obras descambam para o mais lamentável sentimentalismo social e histórico; para o conservadorismo e o tradicionalismo... O mesmo movimento que o leva a gostar das goiabadas da tia e dos babados de prima Fulana o leva gostosamente a uma democracia patriarcal em que (...)".[41] *Casa-grande & senzala* não seria uma interpretação do Brasil, mas uma autobiografia.

Mas é sobretudo a vinculação da obra à classe social de origem do autor e sua militância política que agrava a luta. Gilberto pertencia à aristocracia rural, agrícola e nordestina. Os intelectuais paulistas pertenciam à classe média urbana, industrial e sulista. O suficiente para estarem em posições sociais praticamente irreconciliáveis, para os que acreditavam na centralidade da luta de classes. Para a leitura da USP, a classe social de origem de Gilberto era decisiva.

Paradoxalmente, quando se tratava dos próprios marxistas paulistas, a classe social não era decisiva. Sobre Caio Prado Jr., da melhor elite industrial de São Paulo, relata Florestan: "A primeira vez que fui à casa de Caio Prado Jr., pensava que iria encontrar ali

---

[40] D'INCAO, Maria Angela (Org.). *Historia e ideal*, op. cit., p. 27.
[41] Antonio Candido apud MOTA, Carlos Guilherme. *Ideologia da cultura brasileira*, op. cit., p. 27.

um ambiente luxuoso, requintado, de ostentação. Nada disso! Encontrei um traço ameno, acolhedor e um almoço bem feito e gostoso, mas sóbrio. O vinho branco Conchales era, então, muito barato. Servido gelado, foi um complemento perfeito para o almoço. Gostei daquela naturalidade, mas minha primeira reação foi de decepção. Em seguida, percebi quão importante era aquilo tudo. Uma vida simples, moderada, espartana ornava o caráter de quem não precisava de exterioridades para se impor. Ele não recorria ao nível de vida e ao prestígio da classe, pois já tinha renegado a classe".[42]

Este trecho é extremamente curioso. Permite várias inferências. O imaginário da classe média sobre uma elite condenada inevitavelmente à ostentação, por exemplo, frustra Florestan. Permite também conclusão irrefutável: a classe social de Caio Prado não é necessariamente uma explicação definitiva para a natureza de sua obra. Quando o autor renega sua classe, a vinculação obra-classe social perde força explicativa? Ficamos sem resposta. Como explicar este renegar? De onde veio? O que o provoca? O que faz uns aristocratas renegarem, e outros não?

(Imaginemos como Gilberto Freyre teria hipoteticamente recebido Florestan. O senhor de Mello Freyre, como os jovens cientistas sociais de classe média gostavam de chamá-los, o teria recebido no solar senhorial de Apipucos, nos dedos o anel de ouro brasonado ou o anel de safira, de doutor *honoris causa* da Universidade de Coimbra. A sala de jantar é de jacarandás e de famosos painéis de azulejos portugueses, seculares, trazidos de Portugal, por excepcional gentileza do governo salazarista. Nada de Esparta em Apipucos. Muitos doces, bolos e açúcares. Mas, em vez de vinho espanhol, Gilberto teria oferecido licor de pitanga. Licor, não! Isto qualquer freira sabe fazer. Ele, Gilberto, serviria uma espécie de "conhaque" de pitanga, receita própria e exclusiva. Conhaque de valor econômico menor do que o Conchales.)

---

[42] D'INCAO, Maria Angela (Org.). *Historia e ideal*, op. cit., p. 39.

Aliás, a bem da verdade, em 1961 Florestan foi a Recife a convite de Gilberto. Voltando a São Paulo, enviou-lhe uma carta, dizendo: "Ainda estou sob a impressão extremamente agradável e fascinante que me deixou o nosso encontro em Recife. Não tenho palavras para agradecer a generosa hospitalidade que me dispensou e a grata oportunidade de um entendimento franco, em profundidade, consigo e com seus colaboradores".[43]

O Golpe militar de 64, para os paulistas, ou a Revolução de 64, para Gilberto, agravou definitivamente a luta pelo trono. Tornou os concorrentes irreconciliáveis, não concordavam nem na denominação do mesmo fato histórico: golpe ou revolução? A militância política, mais do que a personalidade ou a origem de classe, passou a ser a exclusiva das obras. Dizia Octavio Ianni: "Os sociólogos precisam assumir conscientemente as responsabilidades que lhes cabem no curso dos processos socioculturais que organizam o aproveitamento dos dados e descobertas das ciências sociais pela sociedade. Cabe não esquecer que o próprio cientista social reproduz a imagem da sociedade em que vive. Daí as responsabilidades científicas e políticas estarem todo o tempo mescladas no processo de conhecimento".[44] A nova regra do jogo estava posta: a responsabilidade política era também uma responsabilidade científica. Naquele momento, aquela determinava esta.

Concordando com Carlos Nelson Coutinho, diria Octavio Ianni: "Antes de mais nada, surgem entre nós manifestações explícitas da ideologia prussiana, que — em nome de uma visão abertamente elitista e autoritária — defendem a exclusão da classes populares de qualquer participação ativa nas grandes decisões nacionais". E completa: "Esse é um sentido básico do pensamento de Oliveira Vianna, Francisco Campos, Gilberto Freyre,

---

[43] Carta de Florestan Fernandes a Gilberto Freyre em 7 de abril de 1961.
[44] IANNI, Octavio, *Sociologia da sociologia*, op. cit., p. 111.

Miguel Reale...".[45] O pensamento de Gilberto tal como concretizado em sua obra seria uma ideologia de exclusão social. Nada mais.

Em 1964, como que dando razão a Coutinho e Ianni, Gilberto, que teria defendido a oligarquia canavieira em seu livro, defendia agora, em sua ação política, o autoritarismo militar. Às claras. Na grande demonstração cívica de mais de 200 mil pessoas, organizada no Recife, no dia 9 de abril de 1964, pela Cruzada Democrática Feminina, presidida por d. Maria Clara de Mello Mota e que marcou o regozijo de Pernambuco e do Nordeste com a vitória do movimento revolucionário iniciado em 31 de março pelas Forças Militares do Brasil em harmonia com as aspirações cívicas dos brasileiros, Gilberto não hesita em pronunciar um inflamado discurso. Depois de afirmar que "brasileiro nenhum, verdadeiramente brasileiro, pernambucano nenhum, verdadeiramente pernambucano, admite que sobre sua pátria desça aquela noite terrível em que só brilham, num céu tornado inferno, estrelas sinistramente vermelhas", vem o ataque frontal: "Aqui estamos, unidos, para dizer basta ao comunismo colonizador; ao imperialismo comunista; a todos os mistificadores da mocidade; a todos os corruptores da cultura universitária; a todos os traidores do Brasil...".[46]

A luta pelo trono foi guerra aberta. O combate ao comunismo de estrelas sinistramente vermelhas exigia o combate ao marxismo, contra o materialismo histórico, contra os professores e pesquisadores que ensinavam Marx, onde eles estivessem, inclusive nas universidades. As interpretações sobre o Brasil tornaram-se inconvivíveis. Seus autores também. Em São Paulo, Caio Prado, Florestan Fernandes, Antonio Candido, Octavio Ianni, Fernando Henrique e dezenas de outros professores da USP são perseguidos, cassados, presos, demitidos e aposentados compulsoriamente da universidade, exilados. Não por terem conspirado ou entrado em luta armada. Mas pelo legítimo e legal exercício de sua

---

[45] Ibid., p. 82.

[46] "O Recife e a revolução de 1964", folheto, impresso em Mousinhos Artefatos de Papel Limitada, Pernambuco, s.d. p. 11.

liberdade de cátedra, de seu exercício profissional. Perseguidos por suas ideias, suas interpretações sobre o Brasil. E, no entanto, a Constituição de 46 assegurava a liberdade de pensamento e de cátedra. Praticavam a legalidade.

Gilberto, e aqui outro dissenso, acusava os intelectuais de matriz marxista de usar a liberdade liberal constitucional para pregar, comunisticamente, a supressão da própria democracia. Já professores paulistas e os jovens cientistas sociais acusavam Gilberto de, aliado, usar o militarismo, o autoritarismo para suprir a própria liberdade liberal. Não se entendiam. Gilberto recusava cargos executivos no governo, mas escrevia planos para a Arena.

Cuba foi outro estimulador da cisão. Enquanto Gilberto atacava a ditadura de Fidel Castro o quanto podia, Florestan afirmava na *Folha de S.Paulo*: "Cuba vive, no presente, o nosso futuro de outra maneira. A revolução cubana, desta perspectiva, desvenda o futuro da América Latina".[47] "A conclusão a respeito é que Cuba realizou um máximo de igualdade e justiça com um mínimo de sacrifício de liberdade."[48]

"O senhor concorda com a aposentadoria compulsória do sociólogo Florestan Fernandes que hoje leciona no Canadá?", perguntava em 1972 a revista *Veja* a Gilberto Freyre. "Essa pergunta é muito difícil de ser respondida. O intelectual não deve ser um privilegiado. Eu mesmo fui preso três vezes durante a ditadura militar de Vargas. Minha casa foi literalmente saqueada em 1930. Se o intelectual tentou atingir o regime e se isso ficar provado, como não sei se é o caso de Florestan Fernandes, nada mais justo que houvesse uma reação de defesa".[49]

Em 1977, o jornal *O Globo* relata: "Ao comentar as críticas feitas pelo sociólogo Gilberto Freyre ao que chamou de sociólogos arcaico-marxistas, o professor Florestan Fernandes disse

---

[47] Florestan Fernandes apud IANNI, Octavio. *Sociologia da sociologia*, op. cit., p. 118.
[48] CANDIDO, Antonio. *Recortes*, op. cit., p. 153.
[49] *Veja*, São Paulo, p. 46, 21 jun. 1972.

ontem que não existe sequer democracia para brancos poderosos, imagine-se para negros e mulatos. E acrescentou: — Ficaria muito alarmado se ele me elogiasse ou elogiasse o trabalho que se faz em São Paulo; quando ele nos critica nos homenageia".[50]

A luta fora profunda, inclusive dentro da USP, Florestan fora aposentado pelo próprio ex-reitor da USP, então ministro da Educação, Gama e Silva. Cindiu o Recife também: a Universidade Federal de Pernambuco de um lado, a Fundação Joaquim Nabuco, comandada por Gilberto, de outro. E, se antes Gilberto era acusado de ter escrito a história da dominação da oligarquia canavieira no Brasil, e não, como pretendera, uma história da formação social do Brasil, agora tudo se confirmava. Pregava a democracia autoritária. Era o ideólogo da dominação: da oligarquia aos militares golpistas antidemocráticos de agora. A militância ideológica do presente explicava suas teses anticientíficas do passado. Pura ideologia.

As consequências da revolução ou golpe de 64 para a escolha do Imperador das Ideias no Brasil foram graves. Inviabilizou, por exemplo, qualquer debate mais isento que ajudasse a forjar uma trajetória acumulativa sobre as interpretações de nossa formação social. Instaurou-se processo destrutivo, autofágico, marcado por acusações pessoais e radical militância política. No fundo, desaparecem com as obras. Só existiam os autores, ou melhor, o "político" que havia dentro de cada autor. A racionalidade era a militância. *Casa-grande* era a explicação-defesa da dominação das elites. Já *A revolução burguesa* era a explicação-estímulo à revolução estalinista. E por aí íamos. Ou melhor, não íamos.

Antes, a luta pelo trono caminhara através do debate, do diálogo, áspero muitas vezes. Agora era um mútuo atacar e desconhecer. Eram raivas conspiradoras e silenciosas. Nesta época, Gilberto é banido dos cursos de sociologia de muitas universidades brasileiras. A imprensa esquerdista lhe impõe o silêncio. Mesmo tendo sempre recusado qualquer maior cargo público, era acusado de colocar seu pensamento à disposição de

---

[50] *O Globo,* Rio de Janeiro, 29 out. 1997.

pretensões pessoais de ser ministro da Educação, embaixador do Brasil ou governador de Pernambuco, como lembra Carlos Garcia. Toda ação provoca reação igual e contrária. A trajetória da história das ideias no Brasil estava temporariamente bloqueada.

A inviabilização do debate exigia recortes político-epistemológicos na biografia de cada um. No caso de Gilberto, pouco contava o fato de ter sido preso, casa saqueada, vítima de atentado, acusado de marxista pela ditadura de Getúlio Vargas, líder que fora da Esquerda Democrática. Só contava seu apoio ostensivo ao militares. O apoio que revelara o significado ideológico recôndito de sua obra.

A tática do recorte político-ideológico do concorrente pode-se perceber neste trecho de Antonio Candido, já não tão radical. Elegantemente faz a seguinte avaliação de Gilberto depois de morto: "O Gilberto que desejo lembrar no momento de sua morte é o que vai de 1933, publicação de *Casa-grande & senzala*, até 1945, quando foi eleito, pela Esquerda Democrática, deputado da Assembleia Nacional Constituinte".[51] "De fato, para minha geração, ele funcionou nos anos de 1930 e 1940 como um mestre da radicalidade. O que nos fascinava era a maneira extremamente liberta com que desmontou a concepção solene da história social, falando com saboroso desafogo de sexo, relações de família, alimentação, roupa."[52] Ou seja, antes as goiabadas da tia atestavam o culturalismo conservador. Hoje, até a alimentação pode ser exemplo de radicalidade, metodologicamente libertadora, capaz de desmontar a concepção solene de história oficial.

Gilberto fazia um culturalismo conservador; os professores da USP, uma sociologia crítica. Estes se interessavam por estudar a luta de classes, a revolução burguesa. Aquele, a dominação oligárquica colonial. Gilberto focava nas elites e na exclusão social. Aqueles, nos trabalhadores e na inclusão. Gilberto teria reduzido o Brasil a uma civilização mol-

---

[51] CANDIDO, Antonio. *Recortes*, op. cit., p. 82.
[52] Ibid.

dada pela convergência cultural, pela democracia racial, pela ênfase na família patriarcal como unidade estruturadora da sociedade. Caio, Florestan e seus seguidores teriam reduzido o Brasil ao conflito econômico, ao racismo, e optado pelas antagônicas classes sociais como unidades estruturadoras de nossa sociedade. Gilberto a eleger miscigenação racial como um elemento fundador do *éthos* brasileiro. Os paulistas, ao contrário, a enfatizar a escravidão, escolhem outro *éthos*: a dominação econômica do negro e do índio pelo branco europeu. O capital contra o trabalho. Eduardo Portella tudo sintetizou: os marxistas a se preocuparem com as relações de produção e Gilberto com a produção das relações.

Isto para não falar das diferenças metodológicas. Gilberto a acusar o marxismo de, por ser europeu, sociologicamente condicionado, ser apenas uma teoria incapaz de captar as especificidades de uma civilização tropical. Nem as classes sociais de lá tivemos cá! A USP, a acusar a micro e a transmetodologia de Gilberto de ser adequada apenas ao que hoje se chama de história da vida quotidiana, instrumento de imaginação literária sem maior rigor ou valor empírico. Gilberto será um emocional. Florestan, um aplicador de categorias europeias. A dialética de Gilberto segundo Miguel Reale era de completaridade, ou segundo Antonio Candido, de integração. Já a dos marxistas era de eliminação. Todos perdem. Ninguém fica de pé.

O resultado da radical politização é óbvio: é o impasse teórico. Um é cego do outro. A luta não tem fim. Mutuamente se acusam de produtores e reprodutores de ideologias. E não, como pretendiam, criadores de uma nova ciência social e formuladores de novas interpretações sobre o Brasil. Um ao outro se denunciam de insuficiências metodológicas, omissões, subjetivismos e vinculações políticas condenáveis, poluidores da objetividade científica. É debate sem fim. Uma inconclusa luta sobre interpretação da formação social do Brasil chega até os dias de hoje. O que fazer com este impasse, que herdamos?

6. A luta revisitada

Hoje, abrem-se para nós, outra geração de brasileiros, dois caminhos. Ou herdar o impasse, continuar a luta — o passado pautando o presente —, ou redefini-la. Tentar bem entender-lhe a natureza, evolução, situá-la historicamente, reconhecer as condicionantes que não mais existem, as que ainda persistem, e, a partir daí, forjar novas competições.

Até bem pouco tempo, no mundo acadêmico, o desenvolvimento da teoria social no Brasil, com poucas e importantes exceções, estava circunscrito aos fiéis seguidores de cada grupo. Quem por estranho aí se aventurasse corria o risco de ser classificado como conservador autoritário ou comunista radical. Ou weberiano funcionalista ou dialeticamente marxista. Desconhecia-se, de antemão, a independência do novo debatedor. Não se admitia o esforço para criar uma nova interpretação do Brasil, ensaiar nova perspectiva social.

A sociologia crítica dominou o mundo acadêmico, expandiu-se para a imprensa e contribuiu imensamente para a redemocratização do país. Paradoxalmente, no país democratizado a própria sociologia crítica amortece. Pois ela é melhor na denúncia do que na proposta. É, por autodefinição, voltada mais para o problema do que para a solução.

A condição necessária para novos caminhos no pensamento social brasileiro é dupla. Primeiro, trata-se de abrir mão da mecânica vinculação entre sujeito e objeto, autor e obra, militância política de 1964 e interpretação social de 1930, como única categoria explicativa da legitimidade ou cientificidade do pensamento social. É preciso que Gilberto Freyre anistie a USP, e a USP anistie Gilberto Freyre. Somente a partir daí uma visão mais construtiva da luta pelo trono pode ser erguida.

Aliás, esta visão mais complexa e constritiva da luta pelo trono começa a se insinuar. Não ainda a ponto de fazer com que um dos mais importantes professores da USP considere Gilberto Freyre um intérprete clássico indispensável ao jovem que queria entender o Brasil.

— Que livros o senhor recomendaria para o jovem entender melhor o seu país?

— Os clássicos.

— Mas o que é um clássico?

— Autores brasileiros clássicos são os que contribuíram para a construção de uma identidade própria: "Sérgio Buarque, Caio Prado, Florestan Fernandes, Mário de Andrade",[53] respondeu Fernando Henrique, para quem todos os clássicos brasileiros recomendáveis são paulistas. Mera coincidência, com certeza.

Mas, com cautela, evidentemente, Alfredo Bosi, no seminário promovido por Carlos Guilherme Mota na própria USP, sugeriu a possibilidade de acordos e convergências, numa convivência que, sendo contraditória, não deixa de ser respeitosa. Outra recente declaração do próprio Fernando Henrique a Marcos Vilaça — como este contou em seu emocionado depoimento na abertura do seminário — vai nesta direção: "Fui crítico de Gilberto Freyre. Incomodava-me, como a Florestan Fernandes, Octavio Ianni, Carlos Guilherme Mota e a tantos outros, o olhar demasiadamente generoso que o mestre de Apipucos estendia sobre a sociedade patriarcal, abafando tensões, que sabíamos reais. Apontei em *Capitalismo e escravidão no Brasil meridional* a condição degradante do cativo, o horror da escravidão. Insistíamos, como antecipado por Joaquim Nabuco, que os negros, desprovidos dos recursos mínimos para o exercício da cidadania, haviam passado de cativos a excluídos, sem chances reais de usufruto do produto social. Isto escapava à lente de Freyre, interessado como era nos traços que apontassem à integração, em *Casa-grande & senzala*, entre o senhor e a mucama. Mas jamais deixei de assinalar, nem tampouco Florestan, que Gilberto Freyre foi muito mais que o idealizador da sociedade patriarcal. Ele construiu uma síntese do Brasil com um vigor intelectual que é muito raro encontrar em leitura sobre outros povos (...)".[54]

---

[53] Entrevista com Fernando Henrique Cardoso. *O Globo*, 22 abr. 2000. Coluna Jorge Moreno, p. 3.

[54] CARDOSO, Fernando Henrique. Considerações sobre Gilberto Freyre. *Revista Brasileira*, Rio de Janeiro, Academia Brasileira de Letras, Fase VII, ano VII, n. 25, p. 5.

Hoje, revisitar a luta pelo trono é justamente entendê-la como um excepcional momento de diálogo-contra, na trajetória de nossas ciências sociais. Tércio Ferraz lembra que, na retórica, existem dois tipos básicos de discursos. O discurso com, aquele que Platão travava com seus discípulos, e o discurso-contra, o que travava com o sofista. Ambos, com e contra, têm uma estrutura dialógica. No diálogo-contra, por assim dizer, os participantes atacam e defendem ao mesmo tempo. O objetivo é revelar os pontos fracos e fortes de cada um, de tal modo que o ouvinte possa se situar. Possa tomar posição. Posição peculiar que necessariamente não depende de um ou do outro participante. Independe de ambos, embora a ambos se refira.

Hoje, para revisitar a luta pelo trono temos que ter nova atitude. Não somos mais participantes da luta de ontem, a luta deles, Gilberto e USP, pelo trono das ideias. Somos sim os espectadores, o ouvinte que pode avaliar a fortaleza e a fraqueza de cada um, e a partir daí tomar posições. Deixou então de ser espectador, e se torna agente, na tipologia de Rorty. Agente de novo desejo. Herdeiro sim, mas sem que a herança nos determine.

A segunda condição para um novo ciclo inovador na interpretação do Brasil é a necessidade de os cientistas sociais trocarem a ênfase: em vez de se dedicarem apenas ao problema, dedicarem-se com igual identidade à solução. Ao ideal, talvez tanto quanto ao real. Pois este, sem aquele, perde seu melhor significado. Sem rumo. Aliás, já foi dito que o que distingue a civilização contemporânea das que a precederam é o fato de sermos a primeira a colocar o conhecimento, sobretudo o conhecimento científico, a favor da conquista da saúde, de riqueza e da justiça. Se assim é, devemos vincular a luta pelo trono de imperador das ideias a soluções pertinentes aos problemas de hoje. Pertinência que, por sua vez, na ausência de laboratório, como dizia Florestan, servirá como teste de validade de interpretação do Brasil.

Em suma: como a competição sobre a interpretação do Brasil pode colaborar para um conhecimento social contemporâneo capaz de forjar soluções eficientes para os atuais problemas culturais, econômicos e sociais, fundamentar decisões nacionais? Não mais a crença numa objetividade científica isenta de paixões, nem a busca incessante de um árbitro imparcial. Mas trabalhar com uma interpretação do Brasil que vinda do passado nos ajuda a construir um país melhor.

Dentro desta perspectiva pragmática da luta pelo trono, não custa nada lembrar Richard Rorty quando diz: "Nós levantamos questões sobre nossa identidade individual ou nacional como parte do processo de decidir sobre o que faremos depois, o que tentaremos vir a ser".[55] Quando Gilberto e a USP levantaram questões sobre nossa identidade nacional, no fundo perguntavam sobre o que fomos, o que somos, e também o que queríamos ser. Estas perguntas são inseparáveis.

Por isto, antes de tudo, é preciso nos orgulhar deste diálogo-contra, desta luta pelo trono. Este orgulho é necessário porque é impossível construir o futuro de um país, ou, no caso, fazer avançar a trajetória de nossas ciências sociais, sem um mínimo de autoestima por parte da própria comunidade de cientistas sociais. Da mesma maneira que é inconcebível hoje uma Europa destrutivamente criticar, e não se orgulhar, de seus opostos — um Max Weber e um Karl Marx —, é também inconcebível que o Brasil não se orgulhe de Gilberto Freyre, Caio Prado, Florestan Fernandes e tantos outros. Se a comunidade dos cientistas sociais não reconhece a importância e grandeza deste debate, da convivência contraditória, a sociedade não o fará. Revisitá-lo em seus acertos e erros, valorizar suas contradições, é começar a recuperar a autoestima da própria comunidade cientifica. É revisitar e renovar os desafios da interpretação do Brasil. Retomar o *quem somos nós e o que queremos ser?*", pergunta cada vez mais fundamental nesta época de globalização e homogeneização cultural e econômica aceleradas.

---

[55] RORTY, Richard. *Achieving our country*. 3. ed. Harvard University Press, 1999. p. 11, tradução do autor.

Na trajetória de nossas ciências sociais, recuperar a autoestima não implica atitude conciliatória. Implica sim um certo distanciamento, para se poder ver melhor. A trajetória não pode mais se limitar a denúncias de influências de stalinismos ou salazarismos. Estas são as críticas datadas, pertencem ao passado, e não ao futuro. Diz Gabriel Cohn em *O sábio e o funcionário*: "Freyre e Florestan percorreram esse caminho, cada um por seu lado e ao seu modo. Isolados, cada qual vale pelo que soube fazer. Não é pouco, em ambos os casos. E certamente será muito mais, se soubermos lê-los juntos, sem confundi-los mas também sem desqualificar um em nome do outro".

A necessidade de se ler juntos implica não compactuar com a ambição inicial de cada um: terem produzido uma interpretação nacional, trans-histórica e trans-social do Brasil. Implica reduzir as expectativas, selecionar o que, tendo sido comprovado pelo tempo e pelo avanço da própria ciência, consideramos soluções pertinentes para nosso futuro.

Para exemplificar o que pode vir a ser esta nova atitude, retomemos o trecho de Fernando Henrique que citei. Ele é importante porque se refere a um tema onde Gilberto foi mais atacado: a miscigenação.

Gilberto Freyre identificou pioneiramente a miscigenação racial como fator de integração cultural. A USP, por sua vez, leu esta integração como defesa da democracia racial. A bem da verdade, Gilberto em *Casa-grande* nunca assim o defendeu. Posteriormente, porém, adotou esta leitura como sua. Nada porém nos obriga hoje a ler *Casa-grande* e entender a integração racial cultural desta maneira. A centralidade da crítica da USP — a generosidade do olhar de Gilberto, sobre como a sociedade patriarcal abafa tensões raciais — é centralidade também datada. Tão datada que o próprio Fernando Henrique, hoje, já vislumbra importâncias nunca dantes suspeitadas na integração do senhor com a mucama. Diante de um eleitorado constituído de mestiços em sua maioria, o presidente da República já se orgulha de ter um pé na cozinha. "*À quelque chose, malheur est bon.*"

A leitura da USP sobre a miscigenação obscureceu a questão fundamental. Focalizou menos a integração cultural provocada pela miscigenação racial e mais a eventual consequência que teria escapado a Gilberto, a legitimação da dominação oligárquica e a desintegração socioeconômica das raças. Alguns chegam mesmo a contestar, até hoje, a própria miscigenação. Continuam querendo, norte-americanamente, dividir o Brasil entre negros e brancos, *tout court*. Mas, para as pesquisas sobre o DNA* de nossa população, é definitiva: a integração entre o senhor e a mucama nos fez Brasil mestiço. Como sempre defendeu, aliás, Jorge Amado. Neste item, *Casa-grande* foi antecipada descrição sociológica, agora biologicamente comprovada. Gilberto estava certo antes do tempo. E para muitos estar certo antes do tempo é errado.

Será que alguém ainda hoje pode seriamente negar este *éthos* integrador de nossa formação social? Da mesma maneira, será que alguém hoje, ao correlacionar raças e classes sociais com escolaridade, nível de salário, expectativa de vida etc., pode seriamente negar que a dominação econômica escravocrata se reproduziu como dominação do capital sobre o trabalho? Produzindo concentração da riqueza e do poder? Por mais que o país tenha avançado, este outro *éthos* desintegrador ainda está presente. Pode-se negar o conteúdo de classe, como identificou a USP, desta dominação? Somos uma economia de exclusão e não de inclusão social. Será que alguém nega as evidências tão multidisciplinarmente encontradas pela sociologia crítica?

Estas duas características, estes dois *éthos* da sociedade brasileira só puderam ser percebidos graças à luta pelo trono. Somos uma sociedade contraditória marcada ao mesmo tempo pela inclusão cultural e racial e pela exclusão econômica e política. Poderíamos nos ver assim, sem que a trajetória de nossas ideias sociais tivesse sido também uma luta pelo trono? Sem a contribuição de Gilberto e da USP? Dificilmente, creio eu. Este é um precioso legado do diálogo-contra.

A aceitação desta convivência contraditória é fundamental. Pois somente a partir de sua aceitação estaremos mais aptos a retomar tanto o desfio de novas interpretações sobre a formação social brasileira quanto o maior de todos: decidir o nosso futuro como nação. Só então poderemos melhor nos perguntar o que pretendemos fazer com esta contradição. Poderemos fundamentar as decisões nacionais de importância.

Será que são incompatíveis a tendência à inclusão racial com o reverter a tendência à exclusão econômica? A resposta é óbvia: que a inclusão social seja estímulo à inclusão econômica, e não a exclusão econômica a justificativa do separatismo racial.

Revisitar a luta pelo trono implica, pois, retomar a disputa entre interpretações diferentes sobre nossa formação social como um diálogo-contra que sirva de base para soluções que nos permitam engrandecer como nação.

A autofagia política e científica que por momentos a luta revelou é uma das faces do egocentrismo profissional dos autores. Com o que não temos necessariamente de compactuar. A propósito, dizia Gilberto: "Somos, aliás, como quase todos os autores de livros: vaidosos e intolerantes de críticas".[56] Podemos, quando muito, sorrir diante de tanta franqueza narcisista.

Revisitar a luta pelo trono é entendê-la como uma luta somatória, e não eliminatória, diria Aloísio Magalhães. Capaz de nos orgulhar e não de nos desiludir com nossos intérpretes maiores. Aliás, são maiores porque um ao outro engrandeceu. De resto, como diz um ditado nordestino: inimizades não se herdam.

---

[56] FREYRE, Gilberto. *Como e porque sou e não sou sociólogo*, op. cit., p. 138.

Francisco Brennand

Mombojó e Santos Dumont[57]

Quem o direito autoral está beneficiando? O autor e o intérprete são os que menos ganham.

O que é que uma moderna banda de música pernambucana, Mombojó, tem a ver com o inventor do avião, Santos Dumont? Tão distantes no tempo, tão distantes geograficamente, tão distantes em suas atividades, em suas artes? A resposta é fácil e indica um dos maiores problemas jurídico-econômicos da globalização: Dumont e Mombojó partilham do mesmo conceito de direito da propriedade intelectual.

Santos Dumont, o verdadeiro inventor do avião, recusou-se a patentear o *Demoiselle*, primeiro avião colocado à disposição do público em todo o mundo. Considerava-o um presente seu para a humanidade: um bem público. Como várias vezes afirmou, preferiria terminar seus dias na pobreza a negar aos outros o privilégio de fazer experimentos

---

[57] Artigo publicado no *Jornal do Commercio*, Recife, 13 mar. 2005.

aéreos a partir de seus inventos. Ao contrário de seus concorrentes americanos, os irmãos Wright, que se escondiam do público para manter suas invenções em segredo, um bem privado, Dumont fez tudo público. Graças a esta sua atitude, poucos anos após sua invenção já havia na Europa dezenas de fábricas de avião. A partir daí, a aviação se desenvolveu e se aperfeiçoou.

Mombojó é um grupo de músicos pernambucanos. A imprensa especializada é unânime em considerá-lo uma das mais importantes bandas nacionais da atualidade. Fazem música complexa, misturando rock, música eletrônica e ritmos regionais. Estes jovens músicos disponibilizam na internet a íntegra de sua produção. Qualquer um pode baixar e copiar estas músicas. Mais ainda: pode até reinventar, compondo em cima de alguns dos trabalhos do Mombojó. Não são cobrados direitos autorais, nem se colocam quaisquer empecilhos burocráticos. Os integrantes da banda acreditam que sua produção deva ser regida pelo que eles mesmos denominam de "uma generosidade intelectual" — para com o público, para com a música pernambucanamente brasileira, para com o seu país.

Neste mesmo espírito, a banda pernambucana Re: Combo leva adiante seu trabalho. Sua música é também acessível a qualquer um. Ainda recentemente, uma gravadora do sul do país decidiu gravar livremente um CD com suas músicas. Ligaram para o pessoal do Re: Combo, que respondeu simplesmente: "Vão em frente. As músicas já estão licenciadas para isso".

Nestes casos, a generosidade não se esgota em si mesma. Traz bons resultados concretos para estas bandas e para Pernambuco. A liberdade de as músicas serem tocadas por quem quer que seja amplia a divulgação das bandas, a divulgação de seus nomes, de nossos ritmos. Desta maneira, tornam-se mais conhecidas e mais influentes no cenário musical do país. São convidadas para apresentações e shows, nos quais são então remuneradas.

Estes casos exemplificam a imensa transformação pela qual está passando hoje o direito autoral. É uma revolução. A atual legislação da área foi de tal modo deturpada que, hoje em dia, as pessoas se perguntam: quem o direito autoral está protegendo? Nos

Estados Unidos, de cada 10 dólares de preço de venda, apenas cerca de US$ 0,80 vão para o autor da obra. No Brasil é o mesmo. O resto vai para intermediários como gravadoras, editoras e distribuidoras, por exemplo. Autor e intérprete são os que menos ganham.

O outro fator que torna urgente a reinvenção do direito do autor é a crescente prática da pirataria. Como afirma o professor Ronaldo Lemos, esta palavra tem um impacto emocional muito grande, mas obscurece um inevitável fato econômico. O mercado para CDs de mais de R$ 20 é pequeno no Brasil. Tem mercado para os CDs de R$ 5, vendidos na rua. Este é o mercado. Não se pode colocar a culpa do alto preço do CD legal na carga de impostos. Apesar de alta, ela não é a fonte de todos os males. O principal problema, neste caso, é o oneroso e ineficiente processo de determinação dos preços, que falha ao não aproveitar os ganhos econômicos proporcionados pela tecnologia.

Juntemos então uma humana atitude de generosidade intelectual à deturpação do direito autoral (que passa a proteger os intermediários) e à inexistência de mercado no Brasil para o preço que se cobra por músicas, livros etc. Temos aí o cenário pronto: é necessário rediscutir os rumos do direito autoral.

J. Borges

João Paulo II e
dom Helder Câmara[58]

O sucesso terreno da mensagem de Cristo depende da adesão de fiéis.

Como se avalia o sucesso de um pontificado? De várias maneiras. Por exemplo, pela promoção e prática de valores como a paz e a tolerância, e no diálogo com outras religiões — o que João Paulo II conseguiu com sucesso. Outro critério diria respeito à quantidade de novos fiéis que um pontificado teria conquistado para a mensagem de Cristo. Conquista difícil. Desde sua criação, a Igreja Católica concorre com outras religiões. No início, concorria com as crenças dos imperadores romanos. Venceu. No Brasil, concorreu com os deuses e práticas religiosas de nossos indígenas e africanos. Venceu. Hoje, no mundo globalizado, concorre em duas grandes frentes. Por um lado, os mulçumanos. Os evangélicos, por outro. Estes, no Brasil, o concorrente maior. Vencerá?

---

[58] Artigo publicado no *Jornal do Commercio*, Recife, 16 abr. 2005.

No tocante a esta concorrência, o legado de João Paulo II não parece ser favorável. Em 1980, dois anos depois do início de seu papado, cerca de 3% da população brasileira se declarava evangélica pentecostal. Em 2000, este número subiu para quase 11% — um aumento muito acima da taxa de crescimento populacional. E não para de crescer. Desconheço dados estatísticos precisos, mas a continuar como agora, provavelmente a idade média do católico tende a subir e a do evangélico tende a decrescer. É o que já se observa nas igrejas e nos templos.

O sucesso terreno da mensagem de Cristo não depende apenas de sua qualidade intrínseca. Depende também da adesão dos fiéis a ela. O que tem garantido sua permanência histórica é esta adesão. Agora, as vocações nos seminários têm diminuído. A frequência às missas é menor. O sacramento da confissão é a cada dia mais abandonado. O número de batizados no país decresce. Seja este recuo temporário ou não, o fato é que, no Brasil, a Igreja Católica recuou no pontificado de João Paulo II. Perdeu fiéis. Praticou-se menos. Por quê?

Pelo menos dois fatores podem ter contribuído. O primeiro, a declarada rigidez de Roma diante de temas contemporâneos como o uso de anticoncepcionais e camisinha, a valorização da mulher dentro da hierarquia da própria Igreja, o aborto, a pesquisa científica com células-tronco, a condenação da homossexualidade. Nos temas terrenos a Igreja não é infalível. Pode estar certa ou errada. O próprio João Paulo II soube generosamente pedir perdão pelos erros cometidos no passado: Galileu, judeus e Inquisição, por exemplo. Foi importantíssimo gesto de concórdia. A rigidez da Igreja em temas contemporâneos não seria um destes erros táticos?

O segundo fator é específico do Brasil e mais ainda de Pernambuco. Aqui, o pontificado de João Paulo II caracterizou-se por uma eficiente, permanente e discreta desconstrução da pregação, ação e instituições eclesiásticas (como a Comissão de Justiça e Paz) dos tempos de dom Helder Câmara. Tempos caracterizados por intensa aliança entre a Igreja pernambucana e as aspirações de liberdade política e igualdade socioeconômica dos fiéis.

Devemos a João Paulo II a atuação política em favor do fim do comunismo. Na Europa, na Polônia onde nascera, o Papa foi politicamente progressista. Esta grande vitória de João Paulo II deixa claro que a Igreja se envolve, sim, em questões políticas terrenas. No Brasil e na América Latina, porém, ele foi ultraconservador na pregação política. Pretendeu que a Igreja não tinha papel a cumprir nas questões políticas e sociais que atormentam o dia a dia de seus fiéis. Dois pesos e duas medidas. E isto teve um custo.

Em nome da necessidade de controlar os eventuais excessos da Teologia da Libertação, amorteceu a aliança entre a Igreja e o povo em suas mais justas e terrenas reivindicações. João Paulo II não veio ao Brasil dizer aos pobres o que disse ao povo da Polônia: "Não tenham medo... busquem a liberdade". Não disse: "Não tenham medo... reivindiquem a igualdade". Deixou espaço vazio que foi sendo progressivamente preenchido pelos evangélicos, com sua mensagem de maior conformismo social.

É paradoxal. No Recife, João Paulo II implantou uma política de anticarisma e antiliderança. Como o próprio João Paulo II, dom Helder era também líder carismático, midiático, messiânico e popular. Tinha, e era, o dom da comunicação. Simbolizava o apoio da Igreja aos pobres. Arrastava multidões. Era nacional, e internacional sem deixar de ser local. Tinha as qualidades de comunicação que hoje todos reconhecem ajudaram a forjar a liderança de João Paulo II.

Quem quer que, no Brasil de hoje, esteja preocupado com a expansão da mensagem de Cristo no século XXI, não pode deixar de se questionar sobre este recuo da Igreja Católica no Brasil durante o pontificado de João Paulo II. É permanente ou passageiro? Como revertê-lo? Uma avaliação imparcial apontará com certeza os caminhos de um necessário — como diria João XXIII — *aggionarmento* da Igreja Católica brasileira.

Coleção que pertenceu a Janete Costa

Simplesmente Janete[59]

Com os pés no chão, encharcados de nós mesmos.

Algumas pessoas se distinguem pela intensidade de sua personalidade, pelo talento de seu exercício profissional e pela generosidade de seu caráter. E, assim, se fazem líderes e influências em sua geração. São pessoas substantivas.

Outras, no entanto, vão mais além. Saem de si mesmas, se deslimitam, se jogam com obsessão e se desfazem, incorporando, em si mesmas, outro destino: o de moldar, concretizar e, sobretudo, dar sentido à sua geração. Vão mais além do que apenas liderar e influenciar. São pessoas qualificantes. Qualificam uma geração para que ela se distinga, tenha identidade própria e, como tal, não se perca na anônima trajetória da história. Aquelas é a excelência da geração, o que não é pouco. Estas são seus agentes, o que é raro. Raríssimo.

---

[59] Artigo publicado no *Jornal do Commercio*, Recife, 17 ago. 2008.

Janete Costa faz parte dos dois grupos. Janete Costa é líder e influência. Janete Costa é um substantivo. É, também, qualificante, sem deixar de ser substantivo. Hoje, já existe um olhar Janete. Um estilo Janete. Um gosto Janete. Ela é mais do que um significante, é um significado. É mais que uma estrada, é uma direção. Não apenas observa, age. Não apenas usufrui, constrói. Por quê? O que a faz assim? Acredito que duas características principais.

Janete Costa é Brasil. Pernambucanamente brasileira, diria Gilberto Freyre, ela reconhece e descobre o Brasil em cada gesto, em cada olhar, em cada projeto, em cada sala, em cada quarto, em cada casa, em cada hotel que fez, faz e fará. O que o Brasil fez com as raças — misturar-se para sermos melhores — Janete faz com a arquitetura. Trouxe o popular para o erudito. O barroco para o *design*. O barro para o aço. O rude para o polido. O *clean* para o arco-íris. E vice-versa. Faz das distâncias o encontro. Na arte dialógica das artes, nossa síntese. Sem que um, a si mesmo, deixe de o ser. Mas, estando juntos, nos fizeram tantos outros.

Com isto, ao nos ajuntar, redescobriu e reinventou o Brasil. Democratizou e ampliou nossas casas e cidades. Laliques e Bajados. Saarinen e Seu Euclides. Carrancas e Gallés. Tiffany e Caruaru. Manuel Eudócio e Charles Schneider. Tenreiro e Louis Majorelle. A elite se fez povo. O interior se fez capital. A periferia se fez mundo. O tapete se fez tijolo. O passado se fez futuro. Todos nos seus múltiplos e iluminados presentes. Projetos presentes da Janete.

Rompeu com a arquitetura da estética anódina e a substituiu pela arquitetura da ética pluralista da cultura brasileira. Ao que era apenas forma, deu-lhe conteúdo. Em vez do lava as mãos, os pés no chão. Encharcados de nós mesmos. De repente, nossas casas se traduziram no que somos: mestiços. Orgulhosa e artisticamente mestiços.

Sua arquitetura deu altivez ao que antes era tido como fraqueza: nossa arte popular, nosso artesanato, o perfeito-imperfeito de que somos todos feitos. Introduziu na arquitetura nosso primeiro e mais sincero olhar da natureza que nos cerca. Deu voz e lugar a quem não os tinha. Abriu as portas e os convidou a entrar.

Além disso, Janete Costa é obsessão. É ventania de muitos rumos. Agita por onde passa e por onde não passa. Não tem silêncios. Pensa e cria como o ar que respira. Produz e reproduz, concomitantemente. Argumenta, gesticula, e desenha no mesmo instante. Faz o traço e corre a linha. Escolhe e modifica, acrescenta e subtrai, guarda e expõe, aparece e desaparece sem que se perceba. Para produzir, vende e, para vender, produz. Tira do lugar e põe no lugar, sobe e desce, ordena e desordena, sem cessar. Perde sem perceber e acha sem querer. Sem querer querendo, diria Aloísio Magalhães. Convence, desconvence e vence. Tudo ao mesmo tempo. Esteja diante de um artesão desconfiado, de um empresário ensimesmado, ou de um admirador admirante como eu.

Janete Costa é a explosão criativa multidirecional. Quanto mais cria, mais se inventa e se reinventa. A si e a sua própria transgeração. Viva!

P.S. Fui ver a Coleção de Janete e Acácio Gil Borsoi, "arte e vidro", que Ricardo Brennand está, em boníssima hora, instalando em seu Instituto. Daí este artigo.

Aloísio Magalhães

Moacir e Ronaldo[60]

O pernambucano pouco se comemora.

Houve época em que Pernambuco falava para o mundo, e em que "eu vi o mundo ele começava no Recife". Aliás, falava e começava mesmo. Com Gilberto Freyre, Cícero Dias, Manuel Bandeira, Luiz Gonzaga e tantos outros. É que havia geração de pernambucanos que escaparam das arenas locais, se fizeram nacionais, e depois globais. Foram mesmo espiar o mundo, dizia Aloísio Magalhães.

Não foi tarefa fácil. Se Otto Lara Rezende disse que mineiro só é solidário no câncer, o pernambucano não chega a tanto, mas é, em geral, cruel e crítico consigo e conterrâneos. Os baianos, não. Eles chegam, diz a lenda, e logo estreiam e imediatamente se aplaudem. O mútuo autoaplauso é uma seiva vital do sucesso baiano.

---

[60] Artigo publicado no *Jornal do Commercio*, Recife, 6 set. 2009.

Em Pernambuco, na seca do apoio, ou do elogio solidário, muitos se fazem retirantes. Vão para o Sul. Como Marcantonio Vilaça. Outros desistem. Uns ficam burocratas. Outros, como Gilberto, decidem se autoelogiar para pelo menos abrir espaço para a pernambucanidade. Quanto mais reconhecimento internacional tinha, mais críticas locais, pequenas de não ultrapassar a esquina, tinha também. Darcy Ribeiro a ele, Gilberto e *Casa-grande & senzala*, se entregou com elogiante volúpia. Mas, o reconhecimento local dos contrários foi parco, e quase sempre com esse sabor sectário.

No fundo, o pernambucano pouco se comemora. É como se existisse uma sempre pronta autofagia recôndita a ser disparada contra qualquer pretensão de arriscar, concorrer, inovar, vencer. Somos muito, com nós mesmos, implacáveis. Parodiando Guimarães Rosa, diríamos que os baianos, de tão egocêntricos, eles se colecionam. Os pernambucanos, de tão egocêntricos, eles se criticam.

Talvez exista até explicação de psicologia social. Quando pensamos na Bahia, pensamos na baiana. Quando pensamos em Pernambuco, pensamos no senhor de engenho. Quem mais acolhedora e carinhosa do que uma mãe mulher baiana? Quem mais hierárquico e exigente do que um pai homem senhor de engenho? Os filhos dela se sentem aconchegados na terra mater. Nas curvas dionisíacas, diria Gilberto. Os filhos deles se sentem solitários na família pater. Na hierarquia retilínea, apolínea, completaria ele.

Uma das mais importantes posições no mundo da arte contemporânea é o de curador da Bienal de São Paulo. Importante nacional e internacionalmente. É farol. Ilumina, ou apaga, tendências, conceitos, materiais, artes e artistas. O curador desta bienal de 2010 é o pernambucano Moacir dos Anjos. São Paulo já fala mais dele do que Pernambuco. São Paulo já quer lhe saber mais dos planos e ideias do que Pernambuco. No Mamam ele preservou o acervo local, ao mesmo tempo que se abria para o diferente e o distante. Foi convidado para curador da nascente coleção do Instituto Ricardo Brennand. Não aceitou. Deu-se ao seu distante, e o conquistou. Tem pela frente desafio imenso: superar a mais famosa bienal dos últimos anos: a Bienal da Antropofagia, feita pelo Paulo Herkenhoff. Desafio a ser implantado no vazio, deixado pela fracassada Bienal do Vazio.

Ronaldo Correia de Brito é médico sem ser. É pernambucano sendo cearense. Teatrólogo, escritor, documentarista, produtor de arte e cinema. É intelectual inquieto, de grandes olhos ansiosos, que incessantemente passeiam na crítica, nos artigos, nos contos e agora no romance. Vai ao Baile do Menino Deus com o Pavão misterioso. Praticamente não há lugar na pernambucanidade onde ele não seja visto e onde já não esteve. Da casa de Guita Charifker ao GloboNews.

Ganhou agora, com seu romance *Galileia*, o prêmio mais importante da literatura, o do governo de São Paulo, no valor de R$ 200 mil. Com a tese de que hoje tudo é cidade, o campo e o Sertão perderam-se de si mesmos, e viraram periferias, Ronaldo avança hoje compreensão contemporânea de nós mesmos. Agora tem acesso ao diálogo entre os grandes escritores nacionais que fazem os caminhos da contemporaneidade.

A opção intelectual, em geral, é em vez do poder e dinheiro, liberdade, risco e influência. Se a conjuntura nacional é feita pela força do dinheiro e do poder do dia, a cultura, não. Mais paciente e de longo prazo, é feita pelo acúmulo das influências das ideias, desempenhos, debates, contraditórios, experimentalismos, novos caminhos. Feita de camadas geológicas do incerto e no instável. Do abrir de portas, sem necessariamente entrar. Basta olhar através, identificar, descrever, se sorrir a si mesmo.

Na opção pelo poder do dia, quem comanda é a pessoa, o cargo ou o dinheiro. Na opção pela influência, quem comanda é a obra. É o criticar e apontar. Fazer ideias e colocá-las em circulação. Não se lidera o presente, mas já se participa do futuro. Pernambuco, aí, se renova e se aplaude com Moacir dos Anjos e Ronaldo Correia de Brito.

Friedrich Hagedorn

Tantos Ricardos[61]

Às vezes é tormenta, outras calmarias, sempre ventania.

Alguns homens, e mulheres também, nascem poucos. Outros nascem muitos. Doutor Ricardo nasceu muitos. Não existe um Doutor Ricardo. Existem infindáveis Doutores Ricardos. São tantos e tão variados que, às vezes, não cabem em si mesmo. Às vezes convergem, mas às vezes divergem-se. Brigam e concorrem entre si. Mas sempre se complementam e extrapolam-se. Sua marca não é a homogeneidade. É a auto-hetereogeneidade.

É desenhista e arquiteto ao mesmo tempo. É engenheiro e mestre de obras concomitantemente. É colecionador e museólogo no mesmo piscar de olhos. É industrial e empresário, um sendo o outro. Como empreendedor foi capaz de inventar futuros, culturais sobretudo, Pernambuco e o Brasil a lhe dever. Senhor de engenhos e de castelos. É capaz

---

[61] Publicado no livro *Ricardo Brennand*, Recife, 17 jun. 2009, Ed. do Autor, "Tantos Ricardos", de Joaquim Falcão e Vivianne Falcão.

de inventar, copiar, aperfeiçoar, ensinar e fazer. Tudo de uma vez só. Trata a rainha Beatriz com tropical e respeitosa intimidade, de fazer tremer Franz Post. Assim como trata o Mazinho com insinuante proteção comandante.

Manda e desmanda com a mesma facilidade. Como o ar que respira. Como o sangue que lhe flui às veias. É brabo e doce, sucessivamente, e vice-versa. Às vezes é tormenta, outras calmarias, sempre ventania. Tem o humor cúmplice, a sagacidade recôndita, a ironia cortante e o olhar peculiar. Ao contrário de Bauhaus, não é adepto do princípio de que menos é mais. Para ele: mais é mais.

É capaz de gestos de grande generosidade. É farto na mesa e no convívio. Adora os filhos. Idolatra a família. Tem plano de voo para cada neto. Ao seu lado não existem espaços. Ocupa todos. Não têm vácuos. Ocupa tudo. Apenas, por cautela, limita-se em, e por Dona Graça, que, com discreta sabedoria e pernambucana paciência, usufrui e ajuda a multiplicar estes tantos Ricardos.

119

Gilvan Samico

O dom da comunicação[62]

Líder é aquele que tem mais coragem, a quem confiamos a esperança.

Tinha múltiplos dons. Mas o principal era o dom da comunicação. A facilidade de se expressar, de se comunicar, de estabelecer empatia com os interlocutores, fossem indivíduos, grupos ou multidões. Fosse no contato direto, ou pela mídia. Uma comunicação a todos compreensível, sem distinção de sexo, raça, religião, classe social ou idade. De opositores ou seguidores. Fosse através do gesto, do corpo ou das mãos. Através do olhar ou das palavras. Estivessem os olhos — e ninguém se comunicava melhor com os olhos — abertos, entreabertos ou fechados. Buscando o interlocutor, encontrando a terra e procurando os céus. Comunicação com seus pares, seus fiéis, sua comunidade, sua região, seu país e até mesmo com o mundo. Pois o mundo, sobretudo o mundo, o ouvia, via e compreendia.

---

[62] Artigo publicado no *Jornal do Commercio*, Recife, 15 fev. 2009.

Foi o melhor artífice de uma comunicação sintonizada com seus tempos. Temporal e até mesmo atemporal. E, por assim ter sido, foi comunicação apaixonada, libertadora e incômoda, mas essencialmente mobilizadora.

A comunicação se concretiza na mobilização. Quando não mobiliza, não comunica. Mas, para mobilizar, a comunicação deve ter não apenas o sentido do futuro, mas também a experiência e a sinceridade da verdade. Quando a comunicação reúne estas qualidades — compreensão, mobilização e verdade —, difíceis e raríssimas, faz nascer o líder.

Líder é aquele que conduz. Não é, necessariamente, aquele que sabe mais. É aquele que tem mais coragem. Aquele a quem confiamos o que temos de mais precioso: a esperança. Nada mais precioso do que os sonhos. Além da vida, é o sonho que dá sentido à vida. Sonhos de um país, da maioria do país, os sonhos de uma geração. A maioria do Brasil sonhou com Dom Helder.

Todo o líder incomoda. É de sua essência. Mobiliza a favor, e desperta contra. Sobretudo quando a liderança se confunde com mensagem de mudança. A mudança foi concretizada, por exemplo, na Comissão de Justiça e Paz, Pedro Eurico Barros à frente. E, também, na pregação. Em Congresso de médicos, em Olinda, na década de setenta, ao abrir sua conferência, foi clara, claríssima, sua mensagem de mudança sintetizada logo na primeira linha, nas primeiras palavras, como lembrou-me Ney Cavalcanti um dia: "Convido os senhores médicos aqui presentes nesta conferência importante a descobrirem a segunda doença dos brasileiros. Pois a primeira já nos é conhecida de todos: é a fome".

Sua liderança despertou a oposição dos silêncios, a mais cruel e insidiosa de todas. Os gregos, quando queriam punir alguém, o condenavam ao ostracismo. Foi, de todos, a maior vítima da censura, o ostracismo pela violência. Primeiro, aqui mesmo no Brasil, internamente, pelo regime militar, a atingi-lo no que tinha de melhor, o dom da comunicação.

A censura proibiu a mídia de comunicar Dom Helder. O mundo reagiu e reagiria com o Prêmio Nobel, não fossem as gestões, agora públicas, da diplomacia brasileira de então, contra a concessão do Prêmio Nobel a um brasileiro. Brasileiros contra o Brasil.

Dom Helder não despertou apenas a oposição dos silêncios poderosos no Brasil. Despertou, também, na Cúria, no Vaticano, no Papado. João Paulo II negou-lhe o cardinalato. Demitiu-o do arcebispado de Olinda e Recife, retirando-lhe a tribuna principal. Exterminou a teoria da libertação, em vez de controlar seus excessos. Tudo feito calada e burocraticamente dentro da lei canônica. Com isto, deu passo decisivo para afastar a Igreja do dia a dia de seus fiéis. Um grave erro estratégico e etnocêntrico. Criou-se um vácuo, hoje crescentemente ocupado pelos evangélicos. Desencontrou o fiel do cidadão.

Na Polônia, João Paulo II estimulava a politização anticomunista. Com razão, pois, sem ela, inexiste a liberdade de religião. Aqui, paradoxalmente, João Paulo II estimulava a despolitização. Sem razão, pois, com ela, não se conquista a igualdade para se ter religião.

Cercado, pois, pela censura, pela negação do cardinalato, pelo afastamento do Prêmio Nobel e pela demissão do Arcebispado, dom Helder somente pode falar para o futuro. Como fala, ainda hoje, o dom da comunicação.

Gerôncio Dias de Arruda Falcão. Senhor do Engenho Noruega descrito em Casa-grande & senzala.

Gilberto Freyre e FHC[63]

As homenagens passam, os seguidores continuam.

Fernando Henrique vai fazer a conferência de abertura da Festa Literária de Paraty este ano em homenagem a Gilberto Freyre. Esta conferência está atrasada há mais de 20 anos. Na verdade, em início dos anos oitenta, quando do Seminário de Tropicologia, Gilberto convidou Fernando Henrique para ser um dos conferencistas, em data que lhe aprouvesse. Fernando Henrique nunca veio. Naquela época, Gilberto, com mais de 80 anos, se preocupava com o futuro de sua obra. Queria ampliar a base do reconhecimento intelectual, que fosse a mais ampla possível, mesmo entre os contrários, ou quase contrários, ou não aficionados, diria ele.

---

[63] Artigo publicado no *Jornal do Commercio*, Recife, 1º ago. 2010.

É nesta época que aceita e vem outro grande intérprete do Brasil, Raymundo Faoro, falar no mesmo seminário. É desta época também que Gilberto começa, bem a seu estilo, a dar mais ênfase, a alardear, talvez, que o melhor dos prefácios de *Casa-grande & senzala* é o de Darcy Ribeiro para a edição venezuelana. Não somente porque é uma explosão de inteligência, mas também por ser paradigma de grande generosidade entre contrários, própria do verdadeiro cientista social que Darcy sempre foi. Ambos, Gilberto e Darcy, unidos pelos pés encharcados de Brasil. Darcy, cientista de matriz marxista, esquerdista capaz de superar os limites das paixões ideológicas e políticas. Um libertário de si próprio. A vinda, que não veio, de Fernando Henrique, seria um momento importante na estratégia da pluralização da base de reconhecimento de Gilberto. Sobretudo em seu próprio país.

Veio porém o importante antropólogo sociólogo Luiz Fernando Baeta Neves, que a certa altura afirmou, na sala cheia, que o importante para Gilberto Freyre, ele de corpo e atenção presentes, não era ter mais homenagens, tanto já as tinha. O importante era ter seguidores. Jovens pesquisadores, cientistas sociais dos mais diversos matizes capazes de continuar, aperfeiçoar, modernizar, contradizer dialeticamente, buscando novas sínteses e olhares de sua pioneira interpretação do Brasil.

Gilberto prestava toda atenção, curvo, assentado na cadeira como de seu feitio, cabeleira branca, braços apoiados e longos dedos entrelaçados, com ouro anel fidalgo, saboreando a fecunda e ousada tese de Luiz Felipe. Quando, na sala, houve quem em voz alta, e com autoridade familiar, logo interrompesse o conferencista: Gilberto precisa sim de muito mais homenagens. Foi um lapso de silêncio constrangedor. Gilberto continuou impávido.

As homenagens passam, os seguidores continuam. Desdobram-se, revivem e vivificam. Homenagens enchem vitrines, currículos e criam museus. Os seguidores fazem a pauta do futuro. A glória antecipada de um intelectual é experimentar ainda vivo a sensação de que seu pensamento, sua inovação, seu *insight*, seu esforço físico e mental vai se continuar e se desdobrar para além de si mesmo. Seja nas instituições que ajudou a criar, seja nas ideias que trouxe às gerações. Homenagem é efeméride, isto é, efêmero, dura um dia só. Voa tão leve, e tem a vida breve, precisa que haja vento sem parar.

Sua ambição aos 80 anos era além das ressurgências e insurgências, a permanência diante de sua pressentida iminente e definitiva ausência. Gilberto bem sabia. O intelectual, o pesquisador, o cientista social, sua ambição não era mais a insurgência ou ressurgência. Era a permanência. A presença de sua ausência, diria Proust.

Fernando Henrique sempre integrou a marxista USP. Mas Gilberto bem o poupou. Em seu novo livro *De menino a homem*, é explicito. Critica os cientistas sociais de São Paulo por seus submarxismos sectariamente ideológicos. Mas ressalva: o que de modo algum inclui um marxista do tipo de Fernando Henrique Cardoso. Gilberto provavelmente intuiu e distinguiu o marxismo democrata e pacificador de Fernando Henrique, formador de gerações, encaminhador de nações e de mundos, dos submarxismos acadêmicos. Não poderia nunca desdialogar com ele.

Fernando Henrique retribuiu vários dos acenos de Gilberto em sua direção. Acabou por escrever o prefácio da 47ª edição de *Casa-grande & senzala*, com o sugestivo título de "Um livro perene". Edson Nery da Fonseca, responsável, tudo confirma, pelas excelentes notas bibliográficas, ou melhor, autobiobibliográficas. Notas biobibliográficas de Edson sobre Gilberto no fundo são notas autobiobibliográficas tanto que juntos são, foram e sempre serão.

Em Paraty, nesta semana, teremos um momento de ressurgência, para usar palavra tão cara a Gilberto. Resta saber se teremos os de convergência, que ele tanto ainda espera. Olhares vivos, de lá a espiar, como menino quase moleque.

João Câmara

Os autos de Fernando Pessoa[64]

Nos autos, o advogado é um fazedor de fatos, que para serem fatos, não podem se apresentar feitos.

Inúmeras resenhas, elogios e notícias em todo o Brasil debatem o atraente e provocativo título do novo livro de José Paulo Cavalcanti: *Fernando Pessoa: uma quase autobiografia*. O que quer dizer — "quase"— autobiografia? O que é uma "autobiografia" escrita por terceiros?

Em recente palestra da Sociedade Psicanalítica Pernambucana, na Livraria Cultura, aqui no Recife, o psicanalista Tácito Medeiros sugeriu que o livro fora escrito por dois autores: José Paulo e Fernando Pessoa. Livro feito a quatro mãos. Qualquer um pode escrever uma biografia do outro. Já escrever a autobiografia do outro é impossível. Mesmo porque José Paulo não é heterônimo de ninguém.

---

[64] Artigo publicado no *Jornal do Commercio*, Recife, 7 ago. 2011.

O mistério se explica quando juntamos a biografia de José Paulo à quase autobiografia de Fernando Pessoa. José Paulo Cavalcanti, excelente jurista e multiadvogado, passa a vida inteira com autos processuais, com autos judiciais. Autos que buscam comprovar os fatos alegados. É pois razoável, e psicanaliticamente de se acreditar, que a escolha no título de "auto", consciente ou inconscientemente, não tem a ver, embora possa, com uma história que se referencia a si própria. Tem a ver com o processo pelo qual se busca a verdade da justiça. José Paulo escreveu uma biografia tipo auto judicial. Inventou um novo tipo de biografia: os autos biografia.

Basta ler para constatar. O livro são os autos da vida de Fernando Pessoa. Auto é um processo de inquirição de testemunhas e de produção e apresentação de provas documentadas, feito administrativamente acerca de algum fato. O fato documentado é a vida de Pessoa. José Paulo persegue-lhe a verdade. Arranca-lhe a verdade que até o poeta ignora. Inquire, investiga, indaga, pericia, testemunha, concorda, discorda, cava com as mãos, perfura com o olhar, desmente tudo, constrói ao reconstruir. Reconstruir e provar o "crime"da vida. Faz-lhe autópsia do corpo e alma.

Tem o rigor do advogado. Estabelece todos os fatos com clareza, para que o juiz possa melhor julgar. O juiz é você, o leitor.

Várias vezes, na conferência da Livraria Cultura, José Paulo disse: "Eu dou os fatos e vocês julgam". Embora não conseguisse se conter, e se sorria de si para sigo mesmo, esperando que a plateia não percebesse. Como advogado, ele bem sabe, que os fatos não existem separados de quem os seleciona. Nos autos, um advogado é um fazedor de fatos. Que para serem fatos, não podem se aparentar feitos.

Estes autos não deram um minuto de descanso a Fernando Pessoa. Tudo se perscruta. Nada passa. Nada deixa de ser analisado, verificado, afirmado ou negado. Entranhas adentro. Explicar é preciso. Pessoa deve estar exausto com José Paulo que não lhe deixou esconder-se de si mesmo. Mentir-se a si mesmo. Enganar-se a si mesmo. Tudo com-pulsão.

José Paulo olhou as vistas que Pessoa olhou. Entrou nos quartos que dormiu. Sentou nas cadeiras que sentou. Caminhou nas calçadas caminhadas. Constatou que ele tinha perna fina. Que era judeu. Que preferia gastar com um bom terno da boa loja da rua do Ouro a ter mesmo o que comer à noite. Que era alcoólatra. Que tinha um pênis pequenino, quase clitóris, como ele um dia teria se sugerido ou pelo menos se imaginado.

Consultou médicos, psiquiatras, historiadores, oftalmologistas, tradutores, gastrônomos. Conviveu com pessoas pessoais a Pessoa. Batalhão de peritos mobilizados. Testemunhas oculares da história. Milhões de documentos desconfiados. Entrou-lhe, tal como uma ressonância magnética, alma adentro.

Foi até mais longe. Como não existe advogado josepauliniano sem polêmica, seu pão nosso de cada vitória, mirou no senso comum que idolatra a criatividade de Pessoa. E o fez de *sparring*.

Se Pessoa encontrar José Paulo, no Rocio, em Lisboa, muda de calçada, rola ladeira abaixo, mergulha no Tejo, acompanha a nado a caravana de dom João VI e refugia-se no Brasil. Foge, mas quando chegar nas areias brasileiras, José Paulo com Letícia lhe darão boas-vindas.

Para José Paulo a criação poetícia de Pessoa seria apenas uma reedição da realidade que lhe cercava, ao alcance da mão. O poeta era apenas o cata-dor de seu próprio quotidiano. Um identifica-dor, da dor que deveras sentiu. Assim, os autos viraram ventania e trovão. Quem contesta? Falem os especialistas. Falem os leitores. Fala Pessoa!

José Cláudio

O melhor livro[65]

O conhecimento artístico é inexoravelmente acumulativo e hoje, dificilmente, novo.

É o melhor livro publicado por um pernambucano em 2010. Aparentemente livro de arte. Mas não é. É mais. É livro de um captador de instantes. Tanto através da imagem, pela pintura. Quanto através da palavra, pelo texto, um diário.

Se captar o instante através da pintura já é difícil, imagine através da palavra? Dos dois, ao mesmo tempo. No mesmo olhar, duas linguagens, a se complementarem, expandirem, formando todo único. É raríssimo o autor deter a maestria do pintar e escrever, e sobre o mesmo tema. José Cláudio da Silva detém. O tema é a Amazônia.

O livro chama-se *100 telas, 60 dias e um diário de viagem*, publicado no final do ano, pelo Governo do Estado de São Paulo, expedição científica feita em 1975 à Amazônia, pelo

---

[65] Artigo publicado no *Jornal do Commercio*, Recife, 17 jan. 2011.

Museu de Zoologia da USP. Expedições científicas reúnem antropólogos, zoólogos, naturalistas, botânicos, entomólogos e artistas que vão descobrir o Brasil desconhecido. Foram fundamentais para nosso autoconhecimento. Como as expedições de século XVIII e XIX. Langsdorff, Alexandre Rodrigues Ferreira e tantos outros.

José Cláudio como pintor é de todos conhecido. Ninguém pintou a Amazônia, em seus instantes, melhor que ele. Manet passou um ano pintando cerca de 50 quadros da mesma catedral de Rouen, que mudava pela incidência da luz. José Cláudio passou horas, compulsivamente, pintando e repintando na mesma tela a mesma paisagem, para captar a luminosidade amazônica que mudava minuto a minuto.

Paulo Henkerhoff, principal crítico de arte brasileiro, dos mais respeitados do mundo, diz que José Cláudio é um precursor, isto é, já estaria certo, antes do tempo, da Geração 80. Geração de artistas, sobretudo cariocas, como Luiz Áquila, Rubens Gerchman, Beatriz Milhazes, Daniel Senise, Jorge Guinle e tantos outros, que reinventaram nos anos 1980 a pintura brasileira.

Partiram do figurativo, radicalizaram interpretações, chegaram a abstrações singulares. E se explodiram em cores. Este itinerário do figurativo para a abstração está presente em José Cláudio, como um Áquila, na tela *Rio Aripuanã*. Como um Jorge Guinle, na *A mata ontem noite*. Vai além da geração 80. Em *Chuva no rio Madeira*, José Cláudio dialoga confortavelmente com o inglês Turner, nas névoas de Londres. Em *Rio Madeira* conversa com Pancetti nas areias de Salvador. Pinta o tronco de seringueira tatuado, com o silêncio de um Constable. Sem falar nos rápidos coqueiros verdes de Cícero Dias.

José Cláudio nunca teve medo de ser influenciado pelos mestres. O conhecimento artístico é inexorável e inconscientemente acumulativo. O novo dificilmente chegou hoje. Quase sempre veio de ontem. Nosso presente é feito dos nossos múltiplos passados. Inovação é reinventá-los. Pretender-se influenciável é imaturidade. O tempo cura. Veja a violência de Van Gogh no *Barreira de Matupiri*. Veja num desenho a cabeça esticada de cavalo de Guernica de Picasso, influenciado provavelmente pelo *Triunfo de Galaleia* de Rafael. Veja como o famoso e nublado sol de Monet se transforma no gritante e dourado e amazônico pôr do sol em Curuca.

Captando o instante, José Cláudio eterniza o movimento. Suas mulatas diferem das quase sempre posadas de Di Cavalcanti. Têm mais suor. Andam, piscam, sorriem, ajoelham-se, cruzam pernas, requebram. São viventes. É o pintor que olha para ela. Di, pintor de ateliês. Zé, pintor de ruas. Mesmo quando paradas, são puro movimento.

José Cláudio, como escritor, é menos conhecido. Embora com obra considerável, como sobre o Atelier Coletivo e a viagem a Benim. Ao contrário de sua pintura, adjetiva e interpretativa, seu texto é substantivo e descritivo. Leiam. Ou melhor, leiam e vejam: "Travei minha primeira batalha com o rio Amazonas. Pintei uns cinco quadros. Vi uma árvore formidável, a sumaúma. A casa junto dela parecia um vento atravessado e encostamo-nos num barraco".

A frase é curta, narrativas pinceladas e justapostas. Não tem um azul ou um encarnado demais sucinto e escorreito. No texto, descreve e guarda a emoção que transmite na pintura. Esta simbiose entre descrição e emoção é sua arte maior.

Bem que Marcos Vilaça, José Paulo Cavalcanti podiam propor José Cláudio para a Academia Pernambucana de Letras. Honraria os quatro: Marcos, José Paulo, José Cláudio e a academia.

Gilvan Samico

Quadros falsificados[66]

O que fazer para se proteger deste surto de quadros falsificados?

Cresce o número de obras de arte, de quadros de artistas pernambucanos falsificados. Nunca em minha vida vi tantos Mário Nunes à venda. Em qualquer loja ou antiquário tem um disponível. Igrejas de preferência. José Cláudio tem em casa pelo menos três quadros que ele mesmo conseguiu, com sua assinatura falsificada. Outro dia num site estava à venda um falso Samico, que nada mais era do que uma xilogravura da artista Sandra Santos, que mudaram o nome. Em vez de Sandra colocaram Samico. Três lesados no caso: o comprador, Gilvan Samico e Sandra Santos. Reynaldo é outro também bastante falsificável.

O que fazer, como se proteger deste surto falsificador? Em princípio, pela lei, alguém tem que denunciar o falsificador, acionar a Polícia Federal e provar a responsabili-

---

[66] Artigo publicado no *Jornal do Commercio*, Recife, 13 jan. 2013.

dade pela falsificação. O que é quase impossível. Como o artista vai conseguir tudo isto? Pior, se ele não prova faticamente, se for apenas palavra contra palavra, o artista ainda corre o risco de levar um processo de calúnia.

O fato é que nosso direito trata desta questão como problema privado, entre o falsificador, o artista e o comprador. A dificuldade da prova privada acaba por inviabilizar qualquer providência pública. A falsificação continua. Vejo, no entanto, três medidas preventivas. A primeira é o comprador exigir do vendedor o documento que afirma que vendeu um quadro realmente de José Cláudio ou de Mário Nunes. O vendedor, a galeria, o antiquário, o leiloeiro, o particular tem que atestar e se responsabilizar pelo que está vendendo. Se mais tarde descobre-se que é falso, ele responde civil e penalmente. O comprador tem trabalho legal para se reembolsar, mas tudo não perde.

Segundo é o governo, as Secretarias de Cultura Estadual, Municipal e o Ministério Público tratarem disto como um problema de interesse público. Estamos mais além de um problema privado. Estamos diante de um processo que se alastra. Afinal, é a arte pernambucana que está sendo atacada. Um dos focos da indústria de falsificação estaria em Gravatá. Outro estaria no Recife.

As autoridades públicas poderiam disponibilizar um banco de dados, por exemplo, onde sempre que aparecesse um quadro falso os artistas ou herdeiros colocariam informação simples: este quadro não foi pintado pelo autor X, e foi vendido pela loja Y. E se responsabilizariam por estas informações. Nada mais simples. Aliás, uma associação de artistas ou de galeristas poderia também criar e divulgar este banco de dados.

Terceiro, alguns artistas mais famosos, com mercado mundial, se protegem criando comitês de autenticação. Raymonde e Sylvia Dias criaram um para autenticar obras de Cícero Dias. Outro comitê com a presença e credibilidade de Márcio Jardim, Herbert Sardinha Pinto e Marcelo Coimbra estabeleceu, estudou e confirmou ou a autoria ou atribuição de várias obras de Aleijadinho.

Qual destes caminhos é o melhor? Os três naturalmente.

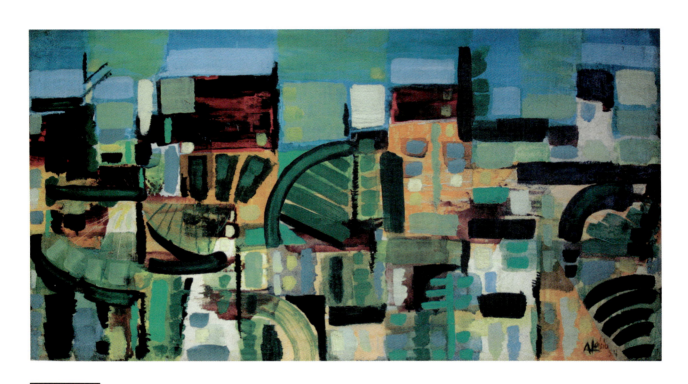
Aloísio Magalhães

O novo livro de Ariano Suassuna[67]

Alguns escritores escrevem, criam suas obras com as palavras. Outros, como Guimarães Rosa, Manuel de Barros e Ariano, criam as próprias palavras. Assim fundem suas mensagens na reinvenção dos meios.

Como nasce um livro? Como nasce um romance? Como nasce um texto? Depende. Os caminhos são infinitos. Cada autor tem o seu. O próximo livro de Ariano Suassuna começou, por exemplo, há mais de 30 anos, quando iniciou a tomar notas. Catando o livro, dentro e fora de si mesmo. Recolhidas aqui e acola. Um pensamento, um olhar, uma ideia. Meio sem rumo certo. Notas do não saber por quê. Não sabiam por que, guardadas e acumuladas, destinavam-se a ser juntas. O novo livro ainda não está pronto. Talvez no segundo semestre, quem sabe. Começo do próximo ano?

---

[67] Artigo publicado no *Jornal do Commercio*, Recife, 17 mar. 2013.

Mas já se sabe o nome: *A Ilumiara*. O que quer dizer? Não se sabe. Só depois. Por enquanto percebemos que se refere a lume, fogo, luz. E também a ara, pedra do altar. Altar que traz luz? Não se sabe. Só depois.

Decodificar Ariano é uma das tarefas deliciosamente mais difíceis a que um leitor pode se entregar. Montaigne dizia que um texto pertence metade a quem o escreve e metade a quem o lê. Metade ao autor, metade ao leitor. Com Ariano é diferente. Cem por cento do texto pertence a ele. Os outros cem por cento pertencem ao leitor.

Escreve com a imaginação. Joga. Estimula. Corre e pega. Dá a volta. Pula e vai. Anuncia e esconde. Avança e adia. Engana e é verdadeiro. Quando se chega, já se foi. Profundo escritor lúdico de um mundo mítico popular. Sem seu ritmo e senso de humor, inexiste. Brinca com sua plateia, colegas e críticos.

Muitos consideram Ariano, teatrólogo. É. Outros o veem como romancista. É. Acredita-se poeta. É. Sem falar que, no seu reino armorial, faz xilogravuras, desenhos. Artista é artesão de si mesmo. Sendo tanto, e tantos, quase não se cabe dentro. Transborda-se.

Por isto, faz com que seu novo livro seja ao mesmo tempo romance, teatro, poesia e arte. Ou melhor, romance ilustrado, dialogado como peça de teatro, onde os personagens fazem poesia e participam de simpósios.

O novo livro vai além. É também obra vídeo cinematográfica. Isto mesmo. Terá, provavelmente, um DVD, que a tudo une, e provavelmente, com-funde. Pronto. Por que tanto?

Não é difícil entender. Impulsa, e pulsa em Ariano, não somente a força vital das rimas, dos enredos e da estética, mas sobretudo a ambição de inventar novas formas de comunicação. Este o ponto central.

Alguns escritores escrevem, criam suas obras com as palavras. Outros, como Guimarães Rosa, Manuel de Barros e Ariano, criam as próprias palavras. Assim fundem suas mensagens na reinvenção dos meios.

São escritores que precisam ir além dos limites convencionais do estilo e das próprias palavras. Criam comunicações, argumentativas e sedutoras, inesperadas. A Aula Espetáculo, com a qual sai, debaixo do braço, mundo afora dizendo do Brasil e de nossa cultura, é uma das múltiplas reinvenções do ser professor.

É ser professor menos pela autoridade e mais pela conversa que se insinua, se faz pergunta e se explode no riso, sorriso, às vezes até na gargalhada intrigada da plateia. Seduz e aconchega. O espectador cede. E ele, Ariano, continua na cadeira de balanço conversando, como se nada tivesse acontecido, mas tendo levado todos os que o leem, e todos os que o assistem, de volta, sem nunca terem ido, a Taperoá.

Juliana Notari

Modernidade: armadilha e desafio[68]

Começava a Redemocratização.

O monopólio acabou. Não percebe quem não quer. A possibilidade é a mesma para todos: intelectuais, artistas, professores e estudantes. Ainda que cada um a oficie e experimente diferentemente. Não há como negar. A possibilidade de forjar prospectivamente o presente não tem mais dono. É de todos. Já está ao alcance de todos e de cada um: forjar a cidadania plena e a invenção quotidiana. Ambas permanentes e concomitantes. Não se trata de luta renhida. Exige reconhecer armadilhas e cunhar desafios. Exige porém, antes de tudo, forjar a pauta das questões do presente. Das questões que envolvem o dia a dia da modernidade. E, com isto, escapar das insoluções, falsamente modernas, dos problemas do passado.

---

[68] Publicado no livro *Extensões 1*, Universidade Federal de Pernambuco, Pró-Reitoria para Assuntos Comunitários, Recife, em 1984.

A antiguidade (como incapacidade de reconhecer as questões do presente) tem dupla face. A mais comum é o compromisso com o passado verdadeiro. Consiste em continuar vivendo hoje o que já foi ontem. A menos comum é o compromisso com o falso futuro. Consiste em viver o futuro daqui como se fosse o presente dali. Ambos produzem a mesma consequência: impedem o conhecimento e a apreensão do presente. Alienam. Tanto é alienantemente antigo procurar solucionar os anos sessenta na década de oitenta. Quanto viver o futurismo de São Paulo ou Nova York no Recife e em Jaboatão.

A ação e a invenção do intelectual, do artista, do cientista, do professor e do estudante podem ou não concretizar a modernidade. Tudo dependerá da capacidade de não fugir de Pernambuco. Identificar, cada um a seu modo, a pauta das questões de 1984. O que não é fácil.

É preciso escapar de várias armadilhas. Das quais identificamos algumas. Quatro, pelo menos. Atuando em conjunto ou isoladamente. A armadilha da atualização uniformizadora. A armadilha da história unívoca e inequívoca. A armadilha da vanguarda autossuficiente. E, finalmente, a armadilha do empobrecimento político. Vejamos, uma a outra.

Houve época em que a modernidade consistiu em atualizar internacionalmente nossas arte, cultura, ciência e ensino. Esta foi, por exemplo, a tarefa do modernismo e da escola nova. Esta época já passou. Passou com nosso respeito, admiração e agradecimentos. Paradoxalmente, deixou atrás de si muito mais a consciência de uma permanente e altaneira inserção no diálogo internacional do que a atualização propriamente dita.

De fato, a atualização, nacional, como um fim em si mesmo (e sua patologia: o mimetismo intelectual da elite) fracassou. Escondeu, muito mais do que o explicou. Apontou para ali, sem ver aqui. Recife em direção de Estados Unidos é tarefa inglória, e sobretudo, de mão única. Unilateral.

A armadilha da atualização nacional ou internacional pode induzir à prática da uniformização. Destruir o desafio permanente de ser nacional, sem deixar de ser provinciano. Ser internacional, sem deixar de ser nacional. O que pode parecer mero jogo de palavras, tornando retoricamente possível o realisticamente inviável. Mas não é. Há que se reconhecer, como dizia Aloísio Magalhães, que o universal não é o igual. O que é verdade. Pois não se pode pensar igualdade nacional ou internacional sem escolher antes um modelo paradigmático. Sem escolher antes a referência a partir da qual os demais se uniformizam. Sem escolher antes um processo redutor, diante do qual as diferenças se submetem.

Ora, este modelo paradigmático é um ato de soberba. E este processo redutor, uma estratégia de dominação. Ambas escondem a ambição impossível de, no fundo, provincianizar o nacional. Nacionalizar o internacional.

Este final de século denuncia esta antiga armadilha uniformizadora. A modernidade no Recife não pode ser o último espasmo de uma ambição inevitável. Posto que foi ambição demais para tanta realidade. Ou melhor: para tantas realidades.

A segunda armadilha é a crença da história unívoca e inequívoca. O século XIX, em qualquer de suas correntes, conflitantes e concorrentes, moldou a proposta comum que uniu os contrários: a proposta de produzir a história unívoca e inequívoca das relações sociais. Das relações sociais da corrente marxista. O que viabilizou esta história unívoca e inequívoca, não importa a cor, foi a submissão das relações sociais exclusivamente ao desdobramento único e inexorável do tempo. Quer dizer, o conceito de história do século XIX levou em consideração apenas a história enquanto cruzou com o espaço, graças à revolução da informação, a história unívoca e inequívoca despedaçou-se. Foram estilhaços para todos os lados.

A história ficou insuficiente, antes de poder ser verdadeira ou falsa. A internacionalização uniformizadora do unívoco ou inequívoco fracassou aqui também. A história são histórias. De todos e de cada um. A modernidade não pode continuar tentando esta utopia romântica e impossível do século XIX. É agradecer e aprender.

A terceira armadilha é a redução da arte ao seu vanguardismo autossuficiente. A obsessão pelo vanguardismo é a contrapartida do medo do passado fulgurante. A arte brasileira, como de resto a arte internacional também, vez por outra sofre destes surtos obsessivos. Cuja consequência mais antiga é considerar invenção um valor em si. É transformar a invenção vanguardista permanente em valor absoluto: a partir do qual as demais experiências artísticas são necessariamente hierarquizadas. Ora, ser antes não quer dizer ser melhor.

Como lembra o poeta Affonso Romano, as expressões vanguarda, transvanguarda, pós-vanguarda, et cetera, todas vêm de *"avant-garde"*. Expressão da arte militar do século XIX. Donde, por analogia, duas questões podem desde logo ser colocadas.

A primeira indaga em nome de que arte militar a vanguarda é, na guerra ou na paz, mais importante do que a retaguarda? Não se ganha guerras apenas com a vanguarda. A segunda constata que no século XX, a arte militar é a arte dos mísseis, das bombas e dos foguetes. Ou seja, é difícil pensar uma arte militar moderna com vanguarda e retaguarda. O míssil é, e foi, ao mesmo tempo. A modernidade não pode ser continuar na arte do fim do século XIX.

Finalmente, a quarta armadilha é o empobrecimento da política. O que se obtém através de dupla redução. A redução da política ao conflito. E a redução dos atores políticos ao romantismo bipolar de seus extremos. Na política, não se aplica o dito popular: um é pouco, dois é bom e três é demais. Muito pelo contrário. No poder, um é demais. Dois é pouco. E três em diante é democracia.

Muito menos política é apenas a arte de fazer a guerra, em tempo de paz. Pode até ser. Mas não é apenas não. O conflito não exaure a política. A negociação e o consenso também dela fazem parte.

Os anos sessenta empobrecem a política brasileira. Enquadraram-se todos no conflito bipolar permanente: ou a segurança do governo ou a liberdade dos cidadãos. Ou o Estado ou a sociedade civil. Ou o regime ou o contrarregime. Este empobrecimento bipolar tendeu, vez por outra, a reproduzir nos trópicos a utopia romântica das histórias unívocas e inequívocas do século XIX.

A década de oitenta herda, mas não reproduz necessariamente este empobrecimento bipolar. Ao contrário. A modernidade não pode continuar este processo de empobrecimento. Quanto mais não seja porque significaria desconhecer o que de importante o conflito bipolar legou: a inevitabilidade de ontem e a insuficiência de hoje.

Destas armadilhas, como se escapa?

Da armadilha da atualização uniformizadora escapa-se quando se admite que a atualização não se constitui em um fim em si mesmo. Muito menos é ação unilateral. O desafio é praticar a atualização como necessário e permanente processo bilateral. Ou melhor: multilateral. Recife e Joboatão em direção a São Paulo e Nova York. E vice-versa. Pois, no fundo, o universal é o encontro transformador, extensivo e tolerante dos provincianos.

Da armadilha da história unívoca e inequívoca escapa-se pelo desafio da convivência (espacial e temporal concomitante) das multi-histórias. Conflitantes ou não. Uma convivência suficientemente poderosa para contestar o monopólio do tempo inexorável, através do pluralismo dos espaços desiguais. O que transforma a história presente e futura em questões em aberto. Abertas à ação e invenção de cada um e de todos. Países, cidades ou cidadãos.

Da armadilha da vanguarda autossuficiente escapa-se pelo desafio da inovação informada. A retaguarda, como o passado, necessariamente não forma, deforma ou conforma a vanguarda. Apenas e, sobretudo, a informa. Inovar amanhã não exige necessariamente sucatear ontem. Ao contrário. Preserva-se o passado, não em nome do passado. Mas em nome do presente prospectivo. Pois a vanguarda também tem passado.

Finalmente, da armadilha do empobrecimento da política escapa-se pelo desafio da democracia quotidiana. Democracia que transforma a crítica entre surdos e mudos dilacerados no diálogo com ou contra, entre adversários tolerantes. Democracia que desfaz o pacto recôndito entre o carrasco e a vítima, para que ambos continuem monopolizando o palco dos acontecimentos antigos e preteritamente atuais. Democracia (como o exercício da tolerância recíproca) capaz de forjar modernamente ação e invenção intelectual, do cientista, do professor e do estudante. Capaz de forjar a teoria e a prática. A mesa do bar e a revista acadêmica. Como esta.

151

Cícero Dias

Casais interindependentes[69]

Alguns dizem que atrás de um grande homem há sempre uma grande mulher. Em Pernambuco também? Será esta experiência e tradição pernambucanas? Ou, na era da plena igualdade dos cônjuges, esta afirmação é apenas a saudade de um machismo condescendente?

Em conversas com Rachel de Queiroz e Heloisa Buarque de Hollanda, líderes intelectuais muito além de feminismos, discutíamos uma tese de Gilberto Freyre. O patriarcado que moldara a família e a sociedade brasileiramente pernambucana, no Brasil Colônia e no Império, teria sido fenômeno restrito apenas aos engenhos do litoral. Da Zona da Mata. O patriarcado não era predominante em todo o Nordeste.

No Sertão, por exemplo, sobretudo cearense, de onde vinha Rachel, teria prevalecido o matriarcado. Os grupos econômicos de então, as grandes famílias proprietárias, eram comandadas por jovens viúvas por força de disputas assassinas entre famílias. Comandavam filhos, noras, genros e agregados, a terra, a fortuna e os capangas.

---

[69] Artigo publicado no *Jornal do Commercio*, Recife, 6 out. 2013.

Foi quando Rachel de Queiroz escreveu o grande clássico *Memorial de Maria Moura*, expondo, literariamente, sua compreensão de nossa formação social. A TV Globo tudo concretizou magistralmente em minissérie com Glória Pires.

Mas assim como existem grandes homens atrás de grandes mulheres, fato é que existem grandes mulheres pernambucanas atrás de grandes intelectuais e artistas. Mulheres que em Pernambuco se amalg-amam tanto a seus parceiros, que se constituem em uníssono projeto de vida. Sem que para tanto se desfaçam. Ao contrário. Se reforçam. Crescem, decidem, influenciam, até mandam e comandam, como se tanto não fizessem. Nem se interessassem. Como quem não quer, querendo.

Os exemplos são muitos. Maria do Carmo com Marcos Vilaça. Solange e Claudio Souto, Maria Lectícia com José Paulo Cavalcanti, Célida com Gilvan Samico, Ana Maria e Marco Maciel. Cada casal com seu estilo, sutilezas e presenças. Compõem uma complementaridade integrativa.

São casais onde não existe o singular. Só o plural. Quando por acaso você encontra um deles sozinho, naturalmente pergunta – como vão vocês? – mesmo que um esteja sem o outro. Porque não estarão. É apenas uma ilusão física momentânea.

Um desses casais era Raymonde e Cícero Dias. Casados por 60 anos. Até bem poucos dias Raymonde morava na Rue de Longchamp em Paris. Ao casarem, Cícero a faz brasileira, ela o faz francês. Ambos se entrelaçaram na memória histórica do Engenho Jundiá, e na memória libertária das ruas de Paris, na Segunda Guerra. Viveram o privilégio de duas pátrias, que honraram. Raymonde e Sylvia, sua filha, cercaram Cícero com tudo que ele precisava para ser, com sua arte, um dos principais intérpretes do Brasil. Sendo elas também partes desta intepretação.

Patriarcas e matriarcas são categorias sociológicas que estruturam as relações familiares a partir das relações de poder com base no sexo. Mas existem outras estruturações familiares. Não a de casais interdependentes. Mas a de casais interindependentes.

Queridos amigos
Jacques e Maria Edy.

Faz êste mês, exatamente, quatro anos que cheguei a Chile. Deixava Elza, deixava os filhos nossos, deixava uma velhinha atônita ante o que lhe parecia impossível compreender. Deixava o Recife, seus rios, suas pontes, suas ruas de nomes gostosos – "Saudade" – "União", "7 pecados", rua das "Crioulas", do "Chora menino", rua da amizade, do Sol, da Aurora. Deixava o mar de agua morna, as praias largas, os coqueirais. Deixava os pregões: "Doce de bana e goiba"! Deixava o cheiro da terra e das gentes do Trópico. Deixava os amigos, as vozes conhecidas. Deixava o Brasil. Trazia o Brasil. Chegava sofrendo a ruptura entre o meu projeto e o projeto do meu País.

Encontrei vocês. Acreditei em vocês. Comprometi-me com o seu compromisso no INDAP que você partejava.

Queria que vocês recebessem êstes manuscritos de um livro que pode não prestar, mas que encarna a profunda crença que tinho nos homens, como a simples homenagem a quem muito admiro e estimo.

Paulo

Santiago
Primavera
68.

Paulo Freire, livro Pedagogia do oprimido, *manuscrito de 1968.*

Além do método Paulo Freire[70]

Um dia visitei Paulo Freire, em São Paulo, como secretário de educação da então prefeita Luiza Erundina. Paulo estava meio deprimido. Perguntei por quê. Ele me disse: "Joaquim, até a direita está tentando usar meu método de alfabetização". Esta é uma desvirtuação, lamentava.

Na mesma hora lembrei-me da depressão de Santos Dumont, ao ver sua invenção, o avião, feita para o bem da humanidade, ser usada como arma mortífera da Primeira Grande Guerra. O compromisso de Santos Dumont com o bem da humanidade era tão decisivo que ele se recusou, como não fizeram os Irmãos Wright, americanos, a patentear a invenção do avião.

Era o compromisso de Santos Dumont com a liberdade de pensar, um bem público tão visceral quanto o de Paulo Freire. Não é por menos que, de início, o grande desenvolvimento da aviação ocorreu na Europa onde o conhecimento era livre.

---

[70] Artigo publicado no *Jornal do Commercio*, Recife, 1º nov. 2013. p. 10.

Em carta, provavelmente inédita, não sei, Paulo doou os originais de *Pedagogia do oprimido* a dois queridos amigos que o acolheram no exílio no Chile: Maria Edy e Jacques Chonchol.

Na dedicatória emocionada ele dizia: "Faz este mês exatamente quatro anos que deixava o Recife, seus rios, suas pontes, suas ruas de nomes gostosos — Saudade, União, Sete Pecados, Rua das Creoulas, Chora Menino, Amizade, Sol, Aurora. Deixava o mar de água morna, as praias largas, os coqueiros. Deixava os pregões. Doce de ba'na e goiaba. Deixava o cheiro da terra e das gentes dos trópicos. Deixava amigos, as vozes conhecidas. Deixava o Brasil. Trazia o Brazil".

Este ano faz 50 anos da experiência de Angicos, município onde ele iniciou seu método.

Provavelmente muitos já compararam seu método com o método socrático. Aquele de perguntas e respostas, onde professor e aluno dialogam, em vez de preleções, aulas bancárias, onde o aluno é apenas um depósito, ou aulas conferências, como se diz nas faculdades de direito. Onde o professor despeja nos alunos um saber em geral importado da Itália, Portugal, Estados Unidos ou Alemanha.

No método socrático, a verdade ou a justiça aparece a partir da valorização da realidade que cerca o diálogo, valorizado o aluno como interlocutor na busca da verdade e da justiça. Não apenas referente ao caso jurídico específico em discussão. Mas ao próprio contexto onde a justiça é praticada no nosso país. Captada sobretudo pela sociologia do direito.

Não é por menos que muitas faculdades de direito usam cada vez mais a combinação entre a compreensão sociológica e o método socrático. Muito além de um método de treinamento da argumentação jurídica interrompida. A aula dogmática é apenas uma aula inacabada. Ou acabada à força. O método de Paulo pode ser uma construção e reconstrução da justiça real da vida de cada um. Seu método pode mesmo ir muito além de Paulo Freire. Traz o Brasil para as escolas de direito também.

Marcelo Silveira

O som ao redor de nós[71]

Muito se tem bem falado do filme *O som ao redor* de Kleber Mendonça Filho. Do filme pernambucanamente candidato, candidato ao Oscar. Um dos mais respeitados líderes da cultura *cult* de São Paulo chegou mesmo a afirmar que existe novo divisor de águas no cinema nacional: antes e depois de *O som ao redor*. Pedra Preciosa. Pura inovação.

Mas um pernambucano de classe média que o veja, provavelmente vai se sentir, não participante, mas com alguma intimidade com o filme. Não pela inovação, mas justamente ao contrário, pela tradição.

Existem nele, de forma mais ou menos explícita, elementos da cultura tradicional do Recife. Como se o filme fosse, também, um *aggiornamento* do passado.

Primeiro, vejam a relação entre patrão e empregado. Nos apartamentos a relação entre eles, sinhás, senhorzinhos, filhas de empregadas, namorados de empregadas, é

---

[71] Artigo publicado no *Jornal do Commercio*, Recife, 17 nov. 2013.

quase de igual para igual. A empregada do senhorzinho João, a cozinheira faz-tudo Maria, é quase mãe protetora também. Confidente.

Já se criticou Gilberto Freyre porque ele retratou como afetivas, relações sociais e econômicas desiguais. De dominação, até diriam alguns. Pode até ser, mas o fato é que o filme mostra justamente esta intimidade semiafetiva, quase natural, entre patrão e empregado. O apartamento, o sofá da sala, não é nem do patrão, nem do empregado, é de uso de ambos. A relação é apenas embutidamente hierárquica. No fundo, quase fraterna. Ao mesmo tempo, cheia de infraternidades. Por exemplo, na cruel hora da despedida do porteiro do condomínio do edifício por uma elite, agora assalariada.

Segundo, a importante presença da família. Dificilmente ocorreria num filme urbano paulista com igual intensidade. Aqui, é família por tudo que é lado. Família de parentes sanguíneos. E não famílias de escritórios como no seriado americano *The newsroom*.

A começar pelo valor que lhe dá o próprio senhor de engenho, rurbanos, diria Gilberto, com suas festas, suas preocupação com os filhos, agregados e netos. Ele próprio, Francisco, violento, matador e matado, cultuando o núcleo familiar.

Tudo gira em torno de uma rua, mas uma rua herdada de família, e feita de relações familiares. É como se fosse uma casa grande de muitos quartos, desculpe, muitos apartamentos.

Finalmente, os trópicos. A claridade dos trópicos. Um *cult* filme do sul é cheio de noites, escuridões e *darks*. *O som ao redor* é sobretudo claro. Mesmo cenas noturnas são cenas iluminadas.

Para simbolizar a luz dos trópicos, pois é nos trópicos que se passa, vejam o piso dos apartamentos. Pisos branco gelo, de cerâmica, tipo "Brennand". As paredes de cozinha também. Não me lembro de tapetes e de grandes cortinas. O próprio corredor para o apartamento do patriarca é quase ao ar livre, piso e paredes de azulejos. Gosto duvidoso, com certeza. Mas clareando ainda mais a claridade recifense.

Não poderia ser diferente. A força de *O som ao redor* está em sua autonomia diante dos outros padrões, não somente técnicos, mas culturais, do cinema brasileiro. Ele retira sua força na modernidade, em frangalhos universalizantes, da cultura pernambucana.

Aliás, diz um dos seguranças: "Isto aqui não é São Paulo ou Belo Horizonte. Isto aqui é área da gente".

164

PATRIMÔNIO

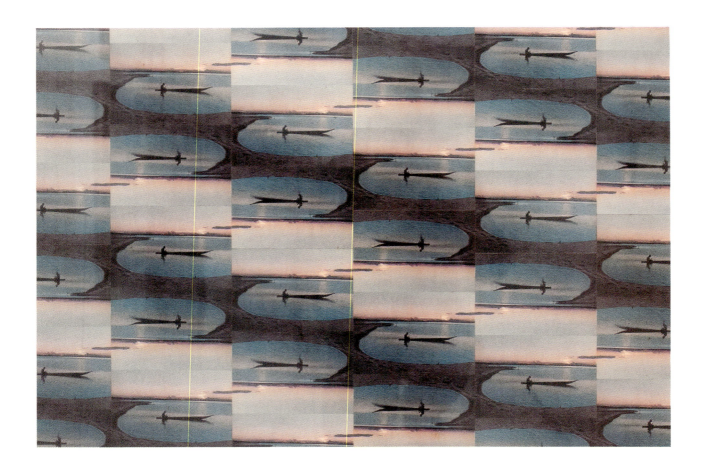

Aloísio Magalhães

O inventor[72]

O inventor consegue antecipar o futuro, mas o futuro possível.

Seja do governo ou da oposição, no Estado ou na sociedade civil, daqui pra frente quem se preocupar com a política cultural deste país vai ter que se posicionar diante do pensamento e ação de Aloísio Magalhães. Não tem saída. Poderá ser contra ou a favor. É secundário. Não poderá é ignorá-lo. Por motivos vários. O primeiro de todos é que Aloísio fez o que é raro o cidadão fazer, seja ele artista, intelectual ou político: juntou conceituação e ação. Sua concepção para a trajetória cultural brasileira não morreu como proposta. Virou ação. Virou instituição, programas, projetos e recursos. Mais ainda, virou discussão, debate, problema, erro e acerto, alegria e tristeza.

---

[72] Artigo publicado no jornal *Folha de S.Paulo*, 1982.

O que define justamente um personagem paradigmático não é sua capacidade de estar certo ou estar errado. Mas sua capacidade de formular uma proposta nova consistente e abrangente para um problema social relevante. Desde o trio Mário de Andrade, Rodrigo Mello Franco e Gustavo Capanema que o país não assistia à inovação teórica prática na política cultural do governo. Assistiu agora com Aloísio Magalhães.

Inventor é quem consegue escapar do debate pachorrento do presente e antecipar o futuro. Não o futuro utópico, mas o futuro possível. Aloísio Magalhães era um programador — visual e depois cultural —, um projetista, homem e profissional projetivo. Não se conflitava com o presente. Antecipava, moldava e inventava o futuro.

Sendo o futuro uma questão em aberto, Aloísio Magalhães complementou sua invenção cultural com sua intervenção política. Formulando e gerindo a política e as instituições culturais do governo. Tudo sem a preocupação comum a vários homens públicos — a preocupação de terminar. Para ele, se circunstancialmente cabia ao inventor começar, caberia à comunidade, à sociedade consolidar e terminar. Se não consolidassem e não terminassem é porque a invenção não era boa. O que não é mau. Apenas exige maior capacidade do inventor, um maior esforço em captar o Brasil.

O problema da cultura nacional é um problema permanente. Começa toda vez em que acaba. Com a morte, o inventor de futuros possíveis, tudo acaba. Começa. Viva!

Aloísio Magalhães

Sereno revolucionário[73]

A cultura brasileira não é eliminatória, é somatória.

Há uma dimensão subestimada no momento que vivemos. De fato, para além das graves questões econômicas e sociais, o país atravessa também uma crise cultural latente. É como se nessa hora de desencontros tenhamos perdido nossa identidade. Estranhamos o passado, temos incertezas quanto ao futuro. São momentos de reavaliação agônica: o que somos, para onde vamos? E isso poderá conduzir-nos a um período de descrença e desesperança ou de mais otimismo e desassombro. A escolha entre essas alternativas dependerá de inúmeros fatores. Mas um deles certamente será a capacidade de produzirmos novas lideranças. Suficientemente atentas ao passado, insatisfeitas com o presente e responsáveis perante o futuro.

---

[73] Artigo publicado no *Jornal do Brasil,* 14 maio 1982. Texto de Joaquim Falcão e Fernando Moreira Salles.

Por isso, vale a pena recuperarmos o itinerário de Aloísio Magalhães, artista polimorfo, de variadíssimo talento, *designer*, artista plástico, político cultural, inventor, homem inquietíssimo que morreu há um ano à frente da Secretaria de Cultura do Ministério da Educação e Cultura. Retomar o fio condutor de sua reflexão pode ajudar a clarear as saídas.

A proposta de Aloísio pode ser mais bem compreendida a partir de quatro noções: o valor da memória; a necessidade de ampliar a noção de bem cultural; a vitalidade da ideia simples e a importância da contradição.

O valor da memória, isto é, a valorização da memória nacional, decorre do compromisso de Aloísio Magalhães com uma visão ampla, abrangente do Brasil. E não só dele. San Thiago Dantas, ao se referir a um proeminente homem público, dizia faltar-lhe o requisito básico da cultura: a memória. E que essa falta o levaria ao estranhamento, à incoerência, comprometendo-lhe a ação política. Aloísio Magalhães sabia que nosso país compartilhava esses mesmos riscos: esquecer o passado como instrumento de compreensão do presente. Ignorar a memória como inspiração do futuro. Não se conscientizar do passado pode conduzir uma nação a percorrer uma trajetória alienada da sua realidade. Tornar-se culturalmente indefesa ao que vem de fora, às verdades enlatadas para uso comum.

Marcílio Marques Moreira lembra-nos que até mesmo para a disposição de esquecer é preciso saber lembrar. Para reencontrarmos um convívio político sadio, numa sociedade que se pretende aberta, é preciso revigorar a memória nacional, para que atos ou fatos passados não sejam meramente reprimidos em refúgio inconsciente, ameaçando ressurgir em forma de ódio e ressentimento. Por isso é tão irresponsável acreditarmos que somente se preserva o patrimônio histórico e cultural de uma nação em nome do passado. Preserva-se no presente, e em nome do futuro. Como é, no mínimo, radicalismo criticar-se a preservação da memória nacional a pretexto de que seja a opção por uma dentre as várias memórias brasileiras.

Para Aloísio Magalhães não se dissocia a preservação da memória da ampliação da noção do bem cultural. Ele sabia que, quanto mais se amplia a memória, menos se deforma o que ela retém.

Como bem lembra o pintor olindense José Cláudio, para Aloísio, a cultura brasileira não é eliminatória. É somatória. A noção ampliada do bem cultural inclui o patrimônio de pedra e cal, e também os hábitos, os fazeres, os cantares, as tecnologias das mais sofisticadas às mais rudimentares. Incorpora com decisão não (apenas) o bem cultural do branco europeu, mas, sobretudo, os legados passados, presentes e futuros das outras etnias brasileiras: a negra e a indígena. A noção ampliada não permite que a cultura seja apropriada pela elite eventualmente no poder. Ao contrário, defende a cultura representativa de todos os grupos e classes sociais brasileiros. Daí porque a noção de ampliação do bem cultural implica necessariamente a valorização da importância das contradições.

Aloísio Magalhães acreditava mesmo em contradições. Nas contradições culturais coletivas e mesmo nas individuais. E na inevitabilidade de ambas para uma sociedade em evolução, em busca. Esta, para ele, era a maior riqueza de nosso país. Cultivava os paradoxos de nossa cultura como relíquias às quais era necessário referir-se. Dizia que era preciso buscar harmonia em meio à nossa diversidade. Como sabia que nenhuma obra existe longe das pessoas, dos fatos e da história. Que só vale a pena avançar com os outros, pelos outros.

A contrapartida de aceitar a complexidade e as contradições da cultura é o desafio de propor ideias simples. Esse desafio o tocava. Por isso não se intimidava com caminhos difíceis, percorria-os. Por mais tortuosos ou sombrios que fossem os meandros, Aloísio sabia aonde queria chegar.

Começou muita coisa. Terminou o que pôde. Talvez pudesse ter tido mais amor pela criação do que pela criatura. É que tinha o que Félix de Athayde chamou de "ânsia da fundação". Lançava suas ideias, auxiliava seus primeiros passos e, por vezes, deixava que a criatura buscasse vida por suas próprias forças. Se a ideia fosse boa, a sociedade saberia preservá-la. Se não, talvez não fosse tão boa assim.

Este último raciocínio nos diz muito da proposta de Aloísio. Da essência de sua preocupação democrática, e de sua reflexão sobre o papel do Estado e da comunidade no processo cultural. Para ele, cabe à sociedade produzir cultura. A preservação dela, a etapa de restauração é um curto estágio antes de devolver à sociedade o bem cultural, e a responsabilidade de criar. Com ele ou por causa dele. Se houver cultura e memória, o resto é só liberdade e participação.

Hoje, a um ano de sua morte, os caminhos abertos por esse sereno revolucionário cultural estão aí, a nos convidar ao percurso. Cabe a nós mantê-los abertos.

175

Francisco Brennand

Patrimônio católico, patrimônio brasileiro[74]

Explicar e interpretar também é fazer arte.

Quando pensamos no patrimônio católico brasileiro, pensamos logo nas igrejas, santos e sacristias barrocas de Minas Gerais. No ouro das talhas e na prata dos castiçais das igrejas de Salvador. Ou seja, o patrimônio católico, tombado e preservado, é quase apenas artístico e arquitetônico. É um patrimônio material. O que é, no mínimo, uma redução.

A influência da religião católica na formação brasileira é muito maior e mais profunda. Além de artística, é cultural e social também. É um patrimônio imaterial. Confunde-se com a própria maneira de ser do brasileiro. É, desde 1500, um patrimônio expresso nas nossas crenças, ética e comportamento. Moldado na prática dos católicos e no exemplo de seus líderes. É fácil exemplificar.

---

[74] Artigo publicado no jornal *Correio Braziliense*, Brasília, 9 jan. 1990.

Patrimônio católico, são, por exemplo, os sermões de padre Antônio Vieira. Oratória a um só tempo reveladora e estruturadora de relações sociais no Brasil Colônia. Patrimônio brasileiro é a coragem nacionalista, amor à terra, de inúmeros religiosos, como padre Toledo, em Tiradentes, na Inconfidência Mineira. É o sonho republicano, amor à liberdade, de frei Caneca, a defender a República e por ela ser mártir. É padre Cícero a transformar crendice popular em amor a Deus. É a irmã Dulce na Bahia, a transformar o cuidar solidário em amor ao próximo. É também, e sobretudo, o compromisso social e a vida escolástica de dom Helder Câmara, transformados em amor ao pobre. Este d. Helder, apolíneo, e nunca dionisíaco, diria um reconciliado Gilberto Freyre.

Será possível entender o Brasil contemporâneo sem reconhecer a importância da Igreja Católica? Será possível entender a Igreja Católica sem reconhecer a liderança de d. Helder? É irrelevante ser contra ou a favor de d. Helder. O fato histórico inegável é que, com a teologia da libertação, que ajudou a formular e implementar, d. Helder transformou a Igreja, os católicos e os brasileiros. Depois dele o Brasil não mais separa a redenção espiritual do compromisso social.

Aloísio Magalhães usava a palavra referência cultural como sinônimo de patrimônio histórico. D. Helder é a referência que fundiu em nossa história a opção pelo pobre com o amor a Deus. Faces da mesma moeda. D. Helder sintonizou, expressou e liderou um sentimento coletivo, latente, mas até então irrevelado.

Como todo líder, d. Helder é também inevitavelmente vítima de incompreensões. Como a de setores do Vaticano que tentam estigmatizar a teologia da libertação como excessivamente política e temporal. Um Vaticano que, de bom grado, apoiou as ações, e talvez até conspirações, do movimento Solidariedade, na Polônia. Este sim, ação política. Dois pesos, duas medidas.

Em boa hora a comunidade pernambucana volta-se a organizar e preservar o arquivo — documental, radiofônico e televisivo — de d. Helder. Patrimônio imaterial, maior que ouro e prata. Assegurando às gerações futuras o acesso material a este patrimônio imaterial da Igreja Católica, do Brasil e da humanidade.

179

Marina Mendonça

Patrimônio, antes de imperador[75]

A inovação começa no método, explode na análise e concretiza-se nas conclusões.

Tal como o Brasil, Gilberto Freyre não é para principiantes. Vida longa, produção intelectual monumental, agente provocador do mais acalorado e substantivo debate acadêmico, Gilberto Freyre é hoje um patrimônio incorporado à cultura brasileira. Para entendê-lo, não basta a leitura de todos os seus livros, artigos e entrevistas, ou mesmo ter tido o privilégio do contato pessoal em Apipucos. É preciso situar-se no Brasil de seu tempo, conhecer a constelação de intelectuais com quem conviveu, e com os quais, ao formular sua interpretação sobre a formação social do Brasil, disputou o que imaginamos ser o

---

[75] Publicado no livro *O imperador das ideias*. Organizadores: Falcão Joaquim e Rosa Maria Barboza de Araujo; Topbooks, 2001. Texto "Sumário" de Joaquim Falcão e Rosa Maria Barboza de Araujo, p. 11-14.

título de Imperador das Ideias. Quem, desde 1930, dentre tantos intelectuais e cientistas sociais, melhor respondeu à pergunta fundamental: "Quem somos nós?" É preciso ler e ouvir todos: Gilberto, seus interlocutores e opositores.

Gilberto Freyre abriu caminhos. Deu-nos a chance de ler melhor o Brasil. A partir de 1933, com a publicação de *Casa-grande & senzala*, o Brasil passou a olhar para si mesmo com outros olhos, percebendo a diversidade de ritmos, de atores e ambientes. Pôde reconhecer-se como mestiço e sincrético.

Explicitou-se a denúncia do racismo como teoria anticientífica.

A inovação de Freyre começa no método, explode na análise e concretiza-se nas conclusões, por vezes precipitadas, sejam por ele, sejam por seus intérpretes. O peso da cultura, da natureza, do meio e da estrutura social em sua obra é resultado de um sistemático trabalho de pesquisa. Os documentos são localizados, indiferentemente, nos vários momentos da história, apresentando novas fontes e novos atores. A originalidade do Brasil é vista como resultado das misturas genéticas e culturais. Adotando a especial visão do tempo tríbio, onde passado, presente e futuro interagem, Freyre articula as raízes das tradições à modernidade.

Nem só por pensar o Brasil, Gilberto Freyre tornou-se parte de nosso patrimônio. Ele conquistou seu lugar por aliar uma metodologia científica a um estilo literário, antirretórico, de sociólogo e historiador. Dotado de boa prosa, capaz de interpretar os fatos a partir da rotina diária das pessoas, tanto dos pobres como dos ricos, Freyre compraz-se em desorganizar as ideias. Usou a imaginação sociológica para propor novos arranjos linguísticos e elaborar interpretações originais da formação nacional.

Denunciado por romantizar a questão da escravidão, é também atacado por ter sido condescendente com as crueldades da colonização. A crítica veio de muitos lados. Veio sobretudo de São Paulo. Veio da Universidade de São Paulo, a USP. Lá, intelectuais de todas as matrizes, mas sobretudo de matriz marxista, como Caio Prado Jr., Florestan Fernandes, Antonio Candido, Octavio Ianni e Fernando Henrique Cardoso, entre tantos outros, procuravam também formular sua própria interpretação sobre nossa formação social. Foram seus competidores principais. Discordaram e criticaram no plano teórico e depois politicamente.

A estratégia de criação de Gilberto Freyre para entender o Brasil tinha a ambição da universalidade, da percepção da condição humana. Talvez por isso tenha obtido o reconhecimento acadêmico mundial. *Casa-grande & senzala* foi incluído pelos franceses na lista dos 100 livros do século. Sua edição da Gallimard tem prefácio de Lucien Febvre. Na Itália, prefácio de Fernand Braudel. Na Inglaterra, Eric Hobsbawm sublinha a contribuição histórica de Freyre, apesar da visão parcial de suas ideias. Nos Estados Unidos, é leitura obrigatória para o entendimento da sociologia brasileira. No Brasil, antecipa temas como o multiculturalismo, a ecologia e a globalização.

Goste-se ou não dele, considere-se ou não Freyre o Imperador das Ideias — quem melhor disse o que somos? —, o fato é que hoje ele se transformou num patrimônio incorporado à cultura brasileira. Ao lado de tantos outros nomes expressivos, Freyre tornou-se uma marca de nossa terra, com a qual podemos concordar ou discordar, mas não podemos ignorar. É referência obrigatória. O que é isso, senão patrimônio de uma cultura?

Registrando o centenário de seu nascimento, o editor José Mario Pereira, da Topbooks, capitaneou esforços para publicar seus inéditos, reunir entrevistas, publicar a correspondência, reeditar as obras esgotadas. É nesta linha que se insere o volume que ora apresentamos aos leitores. Tanto aos que bem conhecem Freyre quanto principalmente àqueles jovens estudiosos que buscam novas oportunidades de dialogar com o pensamento brasileiro.

O ponto de partida foi o seminário *Gilberto Freyre, patrimônio brasileiro*, realizado nas cidades do Rio de Janeiro e São Paulo em agosto de 2000, por iniciativa do Colégio do

Brasil, com a participação especial da Academia Brasileira de Letras e a coordenação da Fundação Roberto Marinho aliada à UniverCidade, ao Instituto de Estudos Avançados da USP, à *Folha de S.Paulo* e à Secretária de Cultura de Pernambuco.

A contribuição de alguns especialistas, de diferentes gerações, que participam do seminário é aqui somada a textos especialmente encomendados para reforçar a polêmica em torno de Freyre. Documentos selecionados em seu arquivo privado, organizado com maestria técnica pela Fundação Gilberto Freyre, seguidos pelo esclarecedor artigo da revista *Ciência Hoje* sobre o "Retrato molecular do Brasil", no Apêndice, ilustram a vitalidade de sua obra.

O livro é dividido em duas partes. A primeira, "Ensaiando abordagens", reúne textos interpretativos de diversos teores, linguagens e extensão. Evaldo Cabral de Mello e Maria Lucia Pallares-Bruke dialogam substancialmente sobre a documentação e a metodologia do autor. Nicolau Sevcenko atesta o caráter pioneiro e premonitório de Freyre ao analisar o início da República no livro *Ordem e progresso*. Peter Burke e Pedro Puntoni dedicam-se a aspectos da cultura material *stricto sensu*, como a arquitetura, as casas, a mobília, a alimentação, o vestuário. Antonio Dimas apresenta a visão do autor sobre crítica literária. Stuart Schwartz encerra esta parte sublinhando o traço otimista de Freyre em relação ao Brasil e aos brasileiros, mostrando que o autor não caiu na armadilha do determinismo racial, mas soube louvar com entusiasmo a miscigenação.

A segunda parte, "Gilberto Freyre e São Paulo", reúne pela primeira vez em livro a cronologia dos conflitos e consensos entre o pensamento de Freyre e a chamada Sociologia Paulista, trabalho cuidadosamente elaborado pelo vitorioso intelectual Edson Nery da Fonseca. Segue-se o artigo interpretativo de Joaquim Falcão que descreve a luta pelo trono, as táticas e estratégias da competição entre os principais intelectuais brasileiros. Carlos Guilherme Mota reafirma as diferenças entre a visão de cultura da USP e a de Gilberto Freyre, analisando a relação das partes com sólido conhecimento. João Cezar de Castro Rocha enfrenta o desafio da conciliação de ideias controversas.

O filósofo Olavo de Carvalho defende a visão e a produção de Freyre com paixão. Gabriel Cohn rebate, ilustrando a narrativa com o modelo crítico de entendimento do Brasil da escola uspiana. Hermano Vianna fecha a segunda parte como o fiel da balança. Argumenta, com texto leve, que a tese da democracia racial não passa de um mito, além do mais mal intencionado.

Nos anexos, como nos referimos anteriormente, reunimos uma pequeníssima mostra documental da correspondência enviada a Gilberto Freyre e de textos, dele e sobre ele, que não devemos esconder do leitor.

Quem sabe o conjunto será útil para melhor entender nosso país, suas identidades culturais, sempre procuradas e pouco aclamadas? A todos os colegas que participaram deste projeto, nosso profundo reconhecimento. Valeu a empreitada.

Guita Charifker

A comunidade como patrimônio[76]

Há mais de 20 anos, conversando na ladeira da Misericórdia com Aloísio Magalhães, perguntei quais os critérios que a Unesco adotava para conceder um título de Patrimônio Cultural da Humanidade. Aloísio estava todo envolvido na defesa do título para nossa cidade, bem completada depois por Marcos Vilaça. Conversa de calçada, entre vizinhos olindenses. Aloísio, secretário de Cultura do Brasil, olindense, nascera na praça do Carmo, e eu, honrado como seu anônimo interlocutor estratégico, neto de olindense, filho de olindense, da praça do Jacaré, e pai de olindenses.

"Os critérios são vários", disse Aloísio. "O arquitetônico, o símbolo de uma colonização tropical, o traçado urbanístico." "Mas eu", disse-me ele, "acredito que o que mais influenciará na decisão da Unesco será a situação. Isto é, a relação entre o conjunto

---

[76] *Arte em toda parte*, 2002, Olinda, PE, Prefeitura Popular do Patrimônio da Humanidade de Olinda e Instituto Mobiliza, Gráfica Santa Marta.

arquitetônico e a natureza tropical." Ou seja, acrescento: a cidade com o mar, a praia, o verde, o azul, a brisa, a luz... Ó... linda situação para se construir uma vila! diria a lenda. E assim foi. O título que hoje, 20 anos depois, comemoramos é de Patrimônio Cultural da Humanidade, enquanto patrimônio material. Na época, era o único registro de patrimônio que existia, inclusive na Unesco.

Mas Olinda não é apenas patrimônio material, pedra e cal, beira, sobeira e bica, mangueiras, coqueiros e pitangueiras, patrimônio de tocar e de se estar: natureza e arquitetura, Olinda é também e, sobretudo, muitos e múltiplos patrimônios imateriais, de sonhar e de sentir. Saberes e fazeres, maneiras de ser e de viver que no fundo dá sentido, significado, conteúdo e vida ao patrimônio material. O sangue que corre e o ar que se respira. Ambos, material e imaterial, quase indivisíveis, patrimônios que se completam, faces da mesma moeda.

Como, por exemplo, nossa música e dança, o carnaval — O Elefante, a Pitombeira, Vassourinhas, Clidio Nigro, Olinda Quero Cantar, Ceroula, Dona Laura, Eu Acho é Pouco e tantos outros. Também nossa culinária, como o tio do Picolé e o homem do cuscuz que Silvia Coimbra tanto se esforçou em documentar e revitalizar na década de setenta. A tapioca, e o queijo coalho do Alto da Sé que hoje ganhou mundo e fama, pode ser encontrado nas areias de Ipanema tanto quanto repaginado, nos mais criativos restaurantes do Brasil. Sem falar na nossa Semana Santa, os beneditinos à frente, a benção do fogo, procissões, que resistem com uma dignidade cheia de eternidades.

Entre os muitos e múltiplos, os patrimônios de Olinda, o artístico — arte e artistas — é sem dúvida um deles. Talvez o principal nos dias de hoje. O mais vivo. O mais aberto ao futuro. O mais mobilizador. O mais popular. O mais integrador. Difícil uma rua sem um artista morador. Mas, ao contrário do que se possa imaginar, não existe uma escola artística de Olinda com características, técnicas e estilos próprios como existiu o impressionismo francês, a escola de Nova York, ou a escola do Parque Lage no Rio de Janeiro.

Ninguém duvida que Monet e Manet, o impressionismo é hoje um dos principais patrimônios culturais da França, do mundo. Como também ninguém duvida que Adolf Gotlieb, a Escola de Nova York, é um patrimônio que ajudou desde a década de 1950 a definir uma identidade cultural sempre vanguardista de Nova York. (Aliás, perdido na multidão de obras brasileiras e no anonimato do acervo técnico, o Museu de Arte Contemporânea de Olinda tem uma preciosa tela de Gotlieb, que foi parar lá por obra e graça de Assis Chateaubriand).

Ou seja, quero propor que uma escola ou um movimento, seja nas artes plásticas, na música ou na literatura, pode, num determinado momento da história, assumir relevância capaz de ajudar a moldar a identidade de uma cidade, de um povo, de uma geração. Influenciar e definir uma cultura. E por isto o movimento artístico pode ser considerado um bem cultural imaterial, e elevado à categoria de patrimônio.

Ocorre, porém, que inexiste uma arte olindense, uma escola ou um movimento olindense. Como podemos falar então de um patrimônio artístico imaterial de Olinda?, poderiam me perguntar. O único patrimônio artístico de Olinda seria então o material: seu casario, seus altares, seus azulejos, seus dourados, suas igrejas, sua imaginária barroca e por aí vamos. A pergunta é boa. Para respondê-la, preciso relembrar um pouco a história. Talvez conhecida de muitos, mas necessária para construir meu argumento.

Lembro quando, na década de 1960, Adão Pinheiro, Guita Charifker, José Tavares, Ypiranga Filho e outros artistas redescobriram Olinda, se reuniram na Ribeira e iniciaram ali um importante movimento artístico, provavelmente o primeiro, o Movimento da Ribeira, politicamente libertário, alternativo, criativo, pernambucanamente nacional. Moravam eles no Recife, mas trabalhavam em Olinda. Aos pouco, porém, alguns de seus líderes resolveram morar também em Olinda. Estava lançada a semente de uma comunidade de artistas que iria crescer sistematicamente e dar frutos até hoje.

A este primeiro movimento, seguiram-se vários outros, como os mencionados por Raul Cordula: o Ateliê + 10, Oficina 154, Cooperativa de Artes e Ofício. Entre tantos, outro foi também mais importante. Comandada por João Câmara, Luciano Pinheiro, Liliane Dardot, José Carlos Viana, a Oficina Guaianases de Gravura uniu dezenas de artistas, na Ribeira, outra vez. Existiu por anos e estimulou outros artistas a trabalhar e viver em Olinda. Finalmente, um terceiro momento também significativo é o do Ateliê Coletivo, iniciativa de um grupo menor, mas que marcou muito nas décadas de 1980 e 1990 a pintura pernambucana, enquanto pintura voltada para a natureza, a luz e a liberdade da natureza; foi comandado por José Cláudio, com um Samico aos pincéis, Eduardo Araújo, Guita Charifker, José de Barros, Marcelo Peregrino e muitos outros. Semanalmente vários deles se reuniam em Olinda e iam juntos pintar Vila Velha em Itamaracá ou as colinas de Gravatá.

Não pretendo fazer uma análise da produção artística destas iniciativas, nem mesmo uma possível história das artes plásticas em Olinda, que, aliás, está a merecer estudo e pesquisas mais sistemáticos. Poderia citar outras iniciativas de trabalho conjunto, como o que se concentra em torno do incansável Baccaro. Mas meu objetivo é outro. Meu objetivo é defender uma ideia de patrimônio imaterial. Estes fragmentos históricos são suficientes para minha argumentação.

O que caracteriza as iniciativas que mencionei não é a unidade temática, técnica, de estilo ou de matéria-prima. Muito menos uma sequência intertemporal, um ao outro se herdando. Não é uma concepção de arte, uma determinada tecnologia ou uma ideologia artística que unifica e delimita. O que caracteriza estes diversos momentos é uma extrema variedade de estilos, materiais, técnicas, propostas, por um lado, e, por outro, uma convergência, um trabalho conjunto, digamos, paralelo e concomitante, e a consequente convivência de artistas na cidade.

A unidade não está nem mesmo numa única matéria-prima, como a cerâmica que define a identidade cultural de Tracunhaem e do Vale do Jequitinhonha, por exemplo.

A unidade está no processo sociocultural das iniciativas, mais do que na qualidade de seus produtos artísticos. Um quadro não tem nada a ver com o outro. Uma gravura desconhece a que lhe está ao lado. Mas, no entanto, estão juntos, porque os artistas estão juntos, convivem e muitos moram na mesma cidade, e lhe dão certa personalidade, certa identidade. Quando pensamos em São Luís, Brasília ou Diamantina, outros patrimônios da humanidade, não pensamos em seus artistas plásticos, eruditos ou populares. Mas quando pensamos em Olinda, pensamos neles sim. São hoje indissociáveis. Carne e osso.

Não podemos, pois, falar de uma escola olindense de arte. Mas podemos sim falar de uma comunidade artística plural de Olinda. Uma comunidade que se fortalece cada vez que surge uma iniciativa agregadora, como as que mencionamos. Sucessivamente, mais artistas resolveram não só trabalhar, mas morar em Olinda. E chegaram muitos, como Maria Carmen, Petrônio, Janete Costa e Borsoi pioneiros, José Barbosa, Zé Som, Tereza Costa Rego, Isa do Amparo, Gina, Marianne Peretti, Elias Sultanum, Thiago Amorim e por aí vamos. É pintura, é talha, é vitral, é gravura, é litografia, é escultura, é cerâmica, são móveis, é tecido, são máscaras, é tudo.

Ou seja, não temos uma escola, mas temos uma comunidade há mais de 50 anos. O destino trouxera a todos para o encontro com Bajado, que de sua janela na rua do Amparo há décadas já os esperava, em silêncio, olhar e sorriso, sábio e fraterno. Melhor assim, a escola de arte passa. A comunidade artística permanece. A relevância patrimonial está antes nos artistas que moldam nossa cidade do que nos produtos individualmente considerados. Este é o nosso patrimônio imaterial.

A partir daí, a questão é outra: como se preserva, ou melhor, como se expande, revigora e fortalece esta comunidade que é patrimônio imaterial? Decididamente, não é com as técnicas de restauração arquitetônica. O patrimônio material, o altar barroco, ou o mucharabi, nós podemos tocar e apalpar. Uma comunidade, não. É um conceito, uma realidade imaterial. Os meios de preservação são outros.

Preserva-se com a multiplicação de iniciativas, diversas em seus propósitos e estratégias, mas que tenham um compromisso com o ideal comunitário, como tiveram o Ateliê da Ribeira, a Oficina Guaianases, ou o Ateliê Coletivo. Como tem hoje *Arte em toda parte*. Daí sua importância: significa a união, a revitalização, a documentação, o filme e a fotografia, a oficina e a galeria urbana deste indispensável patrimônio cultural — comunidade artística plural —, diversa em suas origens, gerações, inovações e propostas. O que difere *Arte em toda a parte* das iniciativas que citamos é que esta é uma iniciativa-meio, enquanto as outras foram iniciativas-fim. Mas todas fazem parte do mesmo processo de fortalecer Olinda como comunidade artística.

Títulos e honrarias e boas intenções ajudam, mas são insuficientes. Preservam-se patrimônios com uso, com vida, com mobilização, com ação, com consumo, com *marketing*, com imprensa, com criação de emprego, com turismo, com movimentação. Sobretudo, com a capacidade, a liderança, a vontade e a determinação de buscar recursos financeiros e unir pessoas. Preserva-se com o ideal de fazer o saber acontecer. "As coisas findas, muito mais do que lindas, estas ficarão", diz o poeta.

Nesta tarefa, revitalização econômica e divulgação local e nacional, por que não massificação cultural, são dois instrumentos fundamentais. Nada mais patrimonial para os Estados Unidos do que o seu cinema, que molda *hearts and minds*, estilo de vida, modo de ser, lá e em todo o mundo. O cinema americano é ao mesmo tempo um patrimônio cultural e um projeto econômico, e por que não político? Não são propósitos incompatíveis, ao contrário, devem ser complementares. O desafio, sabedoria e modernidade é fortalecer esta compatibilização seja em Holywood, Varadeiro ou Varadouro. Ganhar Olinda e ganhar o mundo.

Eis aí a grande contribuição de *Arte em toda parte* para a comemoração dos 20 anos de Olinda como Patrimônio Cultural da Humanidade. Sob a liderança de Luciana Santos, Sergio Rezende e João Falcão, é um novo discurso e fazer de jovens, agora herdeiros, à sua maneira, da mobilização inicial e positivamente libertária dos anos sessenta, em favor da criação e da admiração, do produtor e do consumidor, do passado e do futuro, da arte e do povo de Olinda. Do Brasil.

Contribui-se, assim, decisivamente para fortalecer a ideia e a prática de comunidade artística, esta sim nosso maior patrimônio imaterial: os artistas e arte de cada um, parte e todo, juntos dialeticamente. Aloísio Magalhães dizia que a comunidade artística é o melhor guardião de seu patrimônio. Tem razão. Em nosso caso, a comunidade artística é ela mesma um patrimônio imaterial que se autopreserva quando se une na diversidade democrática. Como demonstra o Olinda: *Arte em toda parte*.

J. Borges

J. Borges: pernambucano, brasileiro mundial[77]

Se a cultura brasileira for uma cultura de mimetismos, de estrangeirismos, será no máximo subuniversal.

Em Harvard, o relatório anual do importante David Rockekfeller Center for Latin American Studies é ilustrado com gravuras de J. Borges.

A Biblioteca do Congresso em Washington, a maior biblioteca do mundo, guardiã da memória de nossa civilização, tem na seção de literatura popular a coleção completa do cordel de J. Borges.

Em Paris, no mais que importante Centro de Musier La Music em La Vilete, o próprio J. Borges já lá foi falar de sua obra e mostrar como faz suas gravuras.

---

[77] *Memórias e contos de J. Borges*, confecção Família Borges, publicado pela gráfica Borges, em Bezerros (PE), s.d.

Estes e outras dezenas de fatos semelhantes não deixam dúvidas: a obra de J. Borges, arte e poesia, tem dimensão além do local, além do nacional. É mundial. Por quê?

O que fez, o que faz com que este pernambucano das feiras do Agreste tenha importância e dimensão mundial? Por que este brasileiro que, assim como Gilberto Freyre não saía de Apipucos, ele também não sai de Bezerros, vai, mas sempre volta, ultrapassa fronteiras? Por que ele? E não milhares de outros, muitos até com clara pretensão de ser internacional, o que, aliás, J. Borges nunca teve? Que privilégio é este? Qual o seu segredo?

Sempre que se faz este tipo de pergunta, uma das respostas clássicas é a afirmação de Tolstoi sempre lembrada. "Se queres ser universal, escreva sobre sua aldeia." O que é verdade, mas que não é toda a verdade. Afinal, milhares de escritores escreveram e escrevem sobre suas aldeias, suas províncias, sem contudo nunca terem deixado de ser provincianos. Nunca terem saído de onde sempre estiveram. Não foram internacionais, e J. Borges é.

Ao meu ver, o segredo de J. Borges é o fato de que, como os gregos, ou como a boa literatura francesa, por exemplo, Borges trata dos temas fundamentais da existência humana e da vida em sociedade.

São temas presentes em qualquer província em qualquer cidade do mundo. Ao contrário do que parece, são temas simples, permanentes e universais, atemporais e transterritoriais: o amor, a traição, a infidelidade, a amizade, a briga, o ódio, a vitória, a derrota, a comemoração da natureza, a destruição da natureza, a ardileza do político, a ganância do dinheiro, a inveja do preguiçoso, a inevitabilidade de morte, a disputa entre o céu e o inferno, e por aí vamos. Com importante detalhe: Borges trata destes temas de maneira não igual. Explico melhor:

Um outro pernambucano, de Olinda, Aloísio Magalhães, costumava dizer: "O universal não é igual". Ou seja, se o Brasil imitar o mundo, não será universal. Se a cultura brasileira for uma cultura de mimetismo, dos estrangeirismos, será, no máximo, subuniversal. Dificilmente teremos o respeito dos países e influência na civilização. Temos que tratar dos temas universais, de forma não igual, à nossa maneira de nossa casa, de nossos amigos, de nossa aldeia, de espiar e compreender nosso país e o mundo. Por tudo isto, não considero Borges apenas um excelente artista popular pernambucano. É muito mais. É pernambucano universal. Além disto, Borges faz arte e poesia com talento e inspiração. E mais, com paixão e orgulho. Orgulho de ser cordel, que não é arte menor, é arte maior, como, aliás, ele logo diz, na sua excelente história dos 500 anos do Brasil.

> Em Abril de 1500
> quando Cabral ancorou
> a praia em Porto Seguro
> logo na terra pisou
> os índios logo cercaram
> e ele se assustou
>
> Cabral disse aos índios
> Estou cumprindo o meu papel
> e eu vou provar que sou
> um forasteiro fiel
> vou mandar ler para vocês
> uma história de cordel

A história do cordel de Borges é a história brasileira de povo mundial.

Aloísio Magalhães

Um líder e seu projeto[78]

Quem deterá o poder de determinar o que é e o que não é patrimônio brasileiro?

O problema

Para conhecer e compreender a política cultural da administração federal, nos anos de Aloísio Magalhães (1979-1982), propomos antes identificar seu problema gerador, começo de tudo, que lhe estrutura e dá significado. Desafio maior para Aloísio, seus colaboradores, governo e sociedade. Percorreremos, pois, mesmo caminho: ao partir de um problema gerador, chegamos à solução, com suas novas estratégias, novos atores, o projeto cultural.

---

[78] Publicado no livro *A herança do olhar: o design de Aloísio Magalhães*, 2003, direção de arte de Felipe Taborda e Andrea Bezerra, organização de João de Souza Leite, coordenação de Ana Regina Macha Carneiro, produção de Artviva Produção Cultural, editora Angela Brant, p. 248-259.

O Brasil mudava. Estávamos ainda no começo do governo do presidente João Batista Figueiredo, mas já no fim do regime autoritário. O presente já era mais futuro do que passado. "O Brasil muda e quem não acredita nisto, que se cuide. Nossa trajetória na direção de um processo de abertura, de arejamento, de renovação, é inexorável", Aloísio dizia aos deputados no Congresso Nacional. O problema já não era mais conservar ou mudar. Tínhamos avançado. Era: o que mudar, como mudar e, sobretudo, em que direção. Paradoxalmente, a tarefa da mudança não era exclusiva da oposição. Unia, numa diversidade rica, conflitada e conflitante, a imensa maioria dos brasileiros: tanto no governo quanto na oposição. Anéis, ou alianças que se entrelaçavam, desconhecendo-se nas dicotomias políticas formais.

Em pouco tempo a imprensa estava livre, o povo nas ruas pelas "Diretas Já", a anistia política consolidada, um novo regime se arquitetava sob e sobre a constituição por vir. Novas demandas sociais pressionavam por políticas governamentais diferentes. O Brasil, cada dia mais ansioso, estava quase pronto para tentar, outra vez, a democracia, que ele mesmo, de si próprio, em 1964, se furtara.

Esse clima geral de mudança — do poder político e do modelo econômico — Aloísio Magalhães o trouxe, antes de muito, para a área da administração cultural. Capta-o, sistematiza-o e vai tentar concretizá-lo. Vai se tornar seu artesão. Este clima estará simbolicamente presente em pelo menos três momentos decisivos de sua trajetória.

Primeiro, ao ler, no ato de sua posse no Iphan, diante de toda a então administração federal da cultura, o soneto de Camões, que lhe fora lembrado dias antes por Lúcio Costa, e que dizia:

> Mudam-se os tempos, mudam-se as vontades,
> Muda-se o ser, muda-se a confiança.
> Todo o mundo é composto de mudança
> Tomando sempre novas qualidades

Segundo, quando da inauguração da primeira sede do Iphan em Brasília, ao entregar um inusitado bastão de comando indígena, da Amazônia — o pau de chuva — a um presidente Figueiredo meio atônito, sem entender muito o que se passava, como o próprio Aloísio depois descreveu, quase saboreando, para uns amigos. A escolha do pau de chuva fora estratégia pensada. Muito refletida. Nele, confluíam múltiplos significados. O mais óbvio era lembrar às autoridades presentes que os índios — importante segmento da nossa nacionalidade — ainda estavam excluídos, não participantes do conceito limitador de patrimônio cultural, que precisava urgentemente ser ampliado. A noção vigente de patrimônio reduzira culturalmente o Brasil: incluía poucos, excluía muitos.

Depois, como secretário do Ministério de Educação e Cultura, Aloísio, de forma bastante coerente, propõe incorporar a Funai à sua secretaria, que estava, e ainda está, no Ministério da Justiça. Entendia a questão indígena como um desafio cultural e não apenas como demarcação de terras e segurança nacional. Estas deveriam se subordinar àquele.

O pau de chuva emitia um som quando balançado, sugerindo a fertilidade da terra, a fertilidade do próprio Brasil, a musicalidade e o sentimento de criação do brasileiro. Tudo a se renovar com a vinda da chuva futura. Assim também a cultura brasileira era fértil, mas precisava da chuva para florescer. O país pedia novas chuvas.

Entretanto, o simbolismo mais forte, o derradeiro, a expressar o clima de mudança, que se apossava do país e da própria administração pública, esteve presente quando de sua morte. Foi revelado em confidência do então ministro de Educação e Cultura, Rubem Ludwig, em seu gabinete em Brasília, a Fernando Moreira Salles, Márcio Fortes e a mim, quatro dias depois da morte do próprio Aloísio, na Itália. Conselheiros da Fundação Nacional Pró-Memória, fomos a Brasília tentar assegurar a continuidade da política cultural então iniciada. O ministro nos assegurou continuidade, e Marcos Vilaça a realizou. Confidenciou-nos o ministro na ocasião: "Quem deveria ter ido a Veneza era eu. A reunião era de nível ministerial. Pedi que Aloísio nos representasse porque achei que não seria adequado, neste momento, o Brasil ser representado numa reunião internacional de cultura por um general". Nada mais claro. O poder mudava de mãos. Aos poucos deixava de ser militar, começava a ser civil. Já não eram quartéis, mas ainda não éramos urnas.

Nesse clima de mudança, no final da década de 1970, duas táticas de militância cidadã convergiam. Ambas, pela natureza da transição que se forjava, e que afinal se forjou, igualmente dignas. A que propugnava por mudanças saindo das ruas para os gabinetes e, vice-versa, a que tentava a mudança saindo dos gabinetes para as ruas. Aloísio fez esta última opção.

"Impaciente, Aloísio achou que em 1975 já testemunhara descaso e abandono demais para continuar fora das políticas concretas de Estado", disse Paulo Sérgio Pinheiro. Ou, como afirmou o próprio Aloísio:

> Não vejo, não posso sentir, dentro das responsabilidades sociais, como homens de grande valor da nação brasileira, se estejam omitindo, estejam esperando em casa alguma coisa, que um milagre ocorra. Isto não ocorrerá. Ou trabalhamos nesta direção, cada um no seu galho, na sua competência, na direção de uma afirmação democrática, conquistando, através do diálogo permanente, o apoio, ou corremos o risco de o país não se desenvolver na harmonia que desejamos.

Se lembrarmos a tipologia de Richard Rorty — cidadãos espectadores e cidadãos agentes —, naqueles dias um número cada vez maior de cidadãos deixava, como Aloísio, de ser mero expectador beneficiado pelo milagre brasileiro que se esvaía, para ser agente de um novo projeto brasileiro que se construía.

A opção foi agir dentro do governo. Ficou logo claro: "(...) (H)á grande diferença entre ter um conceito de um determinado problema e se deparar depois com a realidade, a fim de resolvê-lo. Convidado para diretor do Patrimônio, passei imediatamente do plano cultural para o real". Gostaríamos de sublinhar exatamente esta passagem. Aí está, agora bem nítido, o problema, o fio condutor, que mencionamos.

Como concretizar, no plano real, o plano cultural? Como compatibilizar a mudança política e cultural que se apossava do país, com a exiguidade administrativa — institucional e orçamentária — do Ministério de Educação e Cultura? Como concretizar o que já era novo em nível conceitual com o que ainda era velho em nível administrativo? O ideal a ser com o real que ainda é?

De um lado, a perspectiva democrática a ampliar, criar, mobilizar novos atores e propostas para a cultura brasileira. De outro, as instituições oficiais da cultura, sobretudo o Iphan estrangulado em seu orçamento, aprisionado na rigidez das regras do Dasp, órfão de seu primeiro líder carismático, incapaz de fazer cumprir a lei. Poder de polícia, sem polícia, sem legitimidade e diálogo com as comunidades. Incapaz de impor ou convencê-las. Todo o esforço dos pioneiros estava ameaçado. A reforma deveria começar no, e através de um amargurado Iphan. Ou seja, Iphan: o primeiro patrimônio a restaurar.

Como mudar o aparelho cultural do Estado (no dizer althusseriano então em plena moda), marcado pela seletividade, pela exclusão, pela perda de eficiência? Uma administração federal cada dia mais envolta em si mesma, desconhecendo da mobilização comunitária crescentemente democrática até as novas técnicas e padrões de gestão pública? Naquela época, Luiz Octávio Cavalcanti dizia que a administração pública era muito mais limites do que possibilidades. Muito mais parar do que caminhar. Houvera uma época em que o governo se reinventara em quase todas as áreas com a criação do Banco Central, do Banco Nacional de Habitação, da Eletrobras, da Embratur, da Embrafilme e da própria Funarte. Essa época passara. A capacidade de inovar estava fora do governo, mais do que dentro dele.

A incapacidade de a administração pública se reinventar foi a primeira característica do problema. Para enfrentá-la cumpria aproveitar o novo contexto político e mudar a própria noção de liderança administrativa. Mudar a atitude gerencial. "A determinação de resolver os problemas é para nós o primeiro pré-requisito da ação de proteção do bem cultural." Não valia mais, como em voga, apenas se lamentar pelo desprestígio orçamentário da área cultural. Exigia-se mais. Exigia-se projeto, determinação e audácia. A nova atitude gerencial — *problem solving* —, que Aloísio capta e encarna, contrasta com o que se passava.

Daí sua incisiva reação às críticas que José Honório Rodrigues fez à Fundação Nacional Pró-Memória. "Não posso aceitar a crítica do historiador... Trata-se de um senhor respeitável que não foi capaz de resolver os problemas da Biblioteca Nacional, da qual foi diretor durante muitos anos. Não acredito, nem aceito, meus senhores, que se diga neste país que não se fizeram as coisas por falta de dinheiro, porque isto não é verdade. Não se fizeram as coisas ou não se fazem as coisas por falta de determinação, por falta de coragem e às vezes, por falta de competência."

O problema fio condutor tem, pois, dois balizamentos. Por um lado, o país já em mudança, ampliando-se e renovando-se em direção à democracia, em todas as áreas, culturais inclusive, mas ainda aprisionado por uma administração federal incapaz de promover ampliação. Na administração cultural, o Iphan era o exemplo paradigmático. De outro, um líder e seu projeto, apartidário, desvinculado de interesses corporativos quaisquer, capaz de (re)conceituar e atuar. Artesão de um projeto. Possuidor de uma visão do conjunto da cultura e de sua articulação com um processo de desenvolvimento econômico enraizado nas referências brasileiras. Determinado a ser agente, assumir cargos e responsabilidades da nova cidadania. Orientado para construir pontes com as comunidades. Disposto a ouvir e interpretar *"the blowing of the wind"*.

A reforma política e administrativa que virá vai resultar justamente da interação entre mudança política e liderança cultural. Conjuntura objetiva e personalidade subjetiva, ambos se construindo, e a história. Nada dos intermédios. Nem partidos políticos, nem movimentos sociais, nem interesses corporativos, comerciais ou de classe social. Aloísio não representava a ninguém, a não ser a seu próprio projeto e a sua capacidade de convencer e levá-lo adiante. Aí sua fortaleza. Aí também sua fragilidade.

Sua legitimidade não era do tipo tradicional ou místico. Muito menos baseava-se na racionalidade formal legal de uma burocracia militar tecnológica que se esvaía com o regime autoritário. A legitimidade advinha certamente de seu carisma. É muito difícil definir o que seja carisma. No caso, porém, além de atributos de personalidade — a capacidade e a paciência de ousar, argumentar, seduzir e convencer —, dois outros fatores com certeza contaram. O respeito que advinha de ter sido um criador profissional de sucesso, tendo introduzido uma nova profissão no Brasil, o *designer*. E o fato de representar um projeto conceitualmente consistente e operacionalmente viável.

Como se delineia conceitualmente então a solução proposta? Quais as características principais deste projeto? Quais as diretrizes principais da modernização administrativa? Antes de enumerá-las, descrevê-las e também aos percalços que vai enfrentar, cumpre nota intermediária.

Dois atores, de ideologias e valores distintos, cada um à sua maneira, foram fundamentais para que Aloísio Magalhães saísse do plano cultural, do patamar da concepção para a qual tinha sido levado pelo ministro de Indústria e Comércio, Severo Gomes, para o plano real da ação, saísse da prancheta para o gabinete, da pesquisa para a experiência, do refletir para o agir. Eduardo Portella, ministro de Educação e Cultura que o levou à presidência do Iphan, mais do que chefe, foi interlocutor permanente na tarefa de reconceituação, inclusive da noção de patrimônio transtemporal; além de sutil negociador nas indispensáveis negociações com o Congresso.

Num ambiente, por exemplo, que conjugava abertura política e acirrado estranhamento ideológico entre governo e oposição, o anteprojeto de lei de criação da Fundação Nacional Pró-Memória não foi defendido no Congresso como projeto governamental. Era, não sendo. Talvez por isso tenha inclusive contado com o parecer favorável, no Senado, de futuro candidato da oposição, Tancredo Neves.

O outro foi Golbery do Couto e Silva, então todo poderoso ministro chefe da Casa Civil. Capaz de lhe abrir as portas de uma burocracia federal quase sempre desconfiada dos pleitos da cultura. Foi também interlocutor convergente, nas inúmeras conversas que teve em seu gabinete em Brasília com Aloísio, que notava sempre ao lado do ministro um discreto prato de figos frescos, fruta de sua preferência. Ali, reconhecia-se a importância da dimensão econômica e, sobretudo, brasileira, das propostas.

A solução

A analogia é inevitável. A mudança do regime político, que o Brasil então construía, era em tudo diferente das que ocorreram antes: em 1930, 1946, ou 1964. Não seria, pois, como não o foi, ruptura. Seria e foi mudança negociada. Tessitura política talvez inédita. Mas, para muitos, consentânea com o tradicional *éthos* político das elites: o *éthos* da conciliação conservadora. Dedos e anéis ao mesmo tempo. A transição, a abertura política, uniu governo e oposições. Os indicadores são múltiplos: a anistia recíproca, a convocação de uma Constituinte na vigência de outra Constituição, e finalmente o senador José Sarney, na primeira presidência do regime democrático, recém-saído de outra presidência: a do partido político de sustentação do regime autoritário.

Na área da cultura seria igual. Não haveria também rupturas. Haveria negociação: do futuro com o passado. Neste sentido, pode-se dizer que Aloísio Magalhães foi fruto da abertura política e, ao mesmo tempo, seu tecelão aplicado. Utilizando muitas vezes o mesmo vocabulário. Ao defender os museus nacionais, por exemplo, dizia que era preciso anistiar seus acervos, que estavam presos nas reservas técnicas, não tendo contato com o público, o povo brasileiro. Da mesma forma como os exilados começavam a voltar ao Brasil, voltavam os Autos da Inconfidência, exilados em Londres.

O desafio maior seria concretizar uma continuidade institucional feita de mudança. Seria moldar a estática, com o mover-se, tarefa deliciosa para quem adorava ambiguidades. Ou melhor:

> [Na] trajetória de uma cultura não se deve abandonar segmento de ação do passado, inaugurando sempre coisas novas. (...) [Ao] contrário, se deveria sempre retomar um processo de revitalização natural das instituições existentes, dando-lhes continuidade. Para mim, continuidade é uma das coisas mais importantes na direção de uma civilização.

Completava exemplificando.

> O Iphan não pode continuar como um órgão tão fechado, no sentido de bastante precário em termos de recursos, em termos de estrutura salarial, em termos de funcionamento. O Iphan funciona como um grande ideal. Porque na realidade as pessoas que ainda trabalham lá estão mais fortemente presas a uma ideia do que a uma realidade operacional, uma ação... Mas fazer uma outra instituição seria ilógico e incoerente em termos de trajetória.

A estratégia para institucionalizar no Iphan a continuidade revitalizadora consistia na incorporação de duas experiências inovadoras na área patrimonial, que já ocorriam no governo: (a) o Centro Nacional de Referência Cultural, do Ministério de Indústria e Comércio, voltado para a ampliação do conceito de patrimônio, entendido como referência cultural enraizada na nação, focando o que hoje se denominaria patrimônio imaterial; (b) o Programa de Cidades Históricas, o PCH, sob o comando de Henrique Oswald de Andrade, na Seplan, voltado para a preservação não congeladora de nossas cidades históricas. Aquele seria o motor da mudança conceitual, este o da gestão administrativa.

O primeiro desafio seria, pois, concretizar a equação: Iphan + CNRC + PCH = institucionalização da mudança permanente. Afinal, a cultura brasileira, como Aloísio gostava de dizer, era somatória e não eliminatória. Por que não, também, sua administração federal? Para tanto, Aloísio se considerava preparado. Não sendo político profissional, acreditava-se exercendo a função de intermediador. A expressão é sua. Este conceito é importante para entender uma característica principal da solução que tenta construir. Solução fortemente baseada em característica pessoal: moldar-se, permanentemente moldando. De bacharel em direito para artista, de artista para *designer*, de *designer* para administrador cultural, sem nunca deixar de ser Aloísio Magalhães.

Para concretizar a intermediação no plano real, na gestão administrativa, foi buscar na Casa de Rui Barbosa outro com igual característica intermediante: Irapoan Cavalcanti de Lyra, professor da Fundação Getulio Vargas. As ideias de um a inspirar a ação do outro. E vice-versa. Intermediadores entre ideal e práxis, passado e futuro. Prontos para enfrentar dificuldades, oposições esperadas e inesperadas. Foram inúmeras.

A ampliação democrática do conceito de patrimônio, que o CNRC tentava e testava, sob a liderança de Francisco Alvim e Olímpio Serra, muitas vezes o obrigou a neutralizar o lado mais duro do governo Figueiredo. Golbery, por exemplo, temia que a valorização dos quilombos, e da cultura negra em geral, pudesse estimular o conflito racial, como ocorria nos Estados Unidos de então, época de Malcom X e das panteras-negras. Mesmo assim, pouco depois, o tombamento dos quilombos, mais do que discricionariedade política do Iphan, se transformou em determinação do art. 215 da Constituição de 1988. Até hoje, parcamente cumprido.

Os seminários nas cidades históricas tentavam criar um diálogo entre governos e comunidades locais. Afinal, não seriam as comunidades os melhores guardiões de seus bens culturais? Realizados com apoio da Fundação Roberto Marinho, então sob o comando de José Carlos Barbosa, foram, quase sempre, politicamente tensos. A nova gestão do

Iphan se via na contingência de intermediar: da parte das comunidades, as demandas acumuladas e as exclusões repetidas, e, da parte dos funcionários governamentais, os ideais frustrados e as impossibilidades gerenciais. Diálogo difícil, tentativa de superar o monólogo das desqualificações recíprocas.

A ênfase no turismo, como motor da revitalização econômica das cidades históricas, hoje lugar-comum, levantou amor e ódio, preconceitos nunca dantes suspeitados. Muitos viam a restauração arquitetônica como fim em si mesmo, e não como meio da preservação patrimonial. O turismo seria um predador e não um preservador patrimonial.

Os percalços da fusão das três experiências acabam por explicitar o pano de fundo da maioria das crises administrativas que ocorrerão (ocorrem ainda): a velada disputa entre corporações profissionais pelo trono do patrimônio histórico e artístico nacional. Quem deterá o exclusivo poder de determinar o que é, e o que não é, patrimônio brasileiro?

De um lado, um grupo de arquitetos, com a excelência do trabalho feito na restauração de bens imóveis, apoiados por juristas armados de uma hermenêutica dogmatizante e restritiva; de outro, novos administradores, economistas, *designers*, sociólogos e antropólogos, a reinventar e ampliar o conceito de patrimônio. Polemiza-se tudo, como se é ou não necessária a predefinição do uso futuro na restauração arquitetônica do imóvel tombado. Aqueles desprezando a importância do uso restaurador, estes o acreditando indispensável. Diálogo de pântanos.

O importante nos embates não foi o placar final: a definição de vencedores e vencidos. A importância foi, hoje vejo bem, o nascer de nova postura da administração pública: buscando institucionalizar um projeto e ampliando a participação decisória em direção da democracia. Vejam só. Intermediar é basicamente instaurar as condições do diálogo, no caso, entre projetos e experiências administrativas díspares. Intermediar é fazer pontes de duas mãos. Significava sair do gabinete, escapar da burocracia, buscar criativos caminhos paralelos, como a estratégia legislativa para a criação da Fundação

Nacional Pró-Memória. Significava ir para as ruas ao encontro da comunidade. Por tudo isso, intermediar, como criação de um diálogo interinstitucional, foi necessariamente condição pré-democrática. Estratégia fundamental.

O mesmo ocorreu com a pauta do patrimônio histórico e artístico nacional. Antes restrita a problemas e valores arquitetônicos, depois mais não. A questão do bem imaterial, a questão da participação das comunidades na formulação e implementação da preservação patrimonial, a questão do uso e da autossustentabilidade do bem tombado, de repente passaram a ser tanto paixão, quanto lugar-comum. Uma nova missão, uma nova maneira de conceber o que seria o patrimônio cultural brasileiro, um novo estilo de gestão pública começava a se impor. A provocar mudanças intranquilas. E que não seriam interrompidas, mas ampliadas, na gestão de Marcos Vilaça.

Redesenhar a política de patrimônio por meio de projeto e participação sintonizada com *the blowing of the wind* rapidamente catapultou Aloísio do Iphan para a Secretaria de Cultura, então órgão máximo da administração federal na área da cultura. Outro desafio de intermediar os diferentes se coloca. Na área do patrimônio, o desafio fora intermediar a convivência entre patrimônio material e patrimônio imaterial, ao mesmo tempo conceitual e operacionalmente. A cultura administrativa de cada órgão e os interesses corporativos de seus operadores pareciam inconciliáveis.

Acumula então duas secretarias ministeriais: a de patrimônio e a de assuntos culturais. Do mesmo modo como tentou fundir CNRC, PCH e Iphan, fundirá as duas secretarias numa só: uma poderosa Secretaria de Cultura. Tratava-se de intermediar e conciliar a vertente patrimonial, sua conhecida, com a vertente da ação, sua pretendida. Ambas dotadas de instituições, valores, processos, corporações e rotações diferentes. Aquela, mais lenta, mais segmentada, moldando o contexto para esta, mais rápida, mais mutante.

Eu diria que minha missão talvez seja temporária nesta dupla missão; talvez seja apenas o tempo necessário para estabelecer uma adequação mais nítida, dentro do sistema do trato cultural de responsabilidade do Estado, e talvez definir melhor o que sejam as duas grandes vertentes do bem cultural: a vertente do patrimonial e a vertente da ação cultural.

O intermediador viajava incessantemente todo o Brasil, pregando e estimulando novos conceitos, novos projetos, capazes de arejar, como gostava de dizer, o processo cultural brasileiro; estimulando a invenção, levantando o tapete velho e bolorento que recobria o Brasil. Projetos capazes de aumentar a fertilidade, isto é, a complexidade do sistema cultural. De Olinda, onde se refugiava nos fins de semana, ia para Mamoré ou Blumenau. Acreditava firmemente que um sistema é tanto mais forte quanto mais complexo. E só aumentando a complexidade dos problemas poder-se-ia solucioná-los.

O resultado não podia ser outro. Deus ouviu sua pregação... Deu-lhe rápida escalada. Diretor-geral do Iphan, secretário do Patrimônio Histórico e Artístico Nacional, secretário de Assuntos Culturais, secretário da Cultura, só faltava agora ser ministro da Cultura. O que colocava outro desafio, bem mais perigoso, posicionar-se entre duas outras vertentes. Mantém-se a união ou estimula-se a separação entre cultura e educação?

"Acho que pela primeira vez o Brasil tem um ministro da cultura de fato. É você, não é? Você concorda?", perguntava com sua suave incisividade o longilíneo Zuenir Ventura em entrevista hoje histórica. "Nós entrevistamos o ministro da Cultura?", perguntava em outro momento o repórter do *Jornal da Tarde* ao encerrar uma entrevista.

Não havia planos do governo para segmentar o ministério. Mas, não adiantava escapar. A possibilidade politicamente explosiva estava no ar. Aloísio tinha que se posicionar. Assim como aproveitara o vácuo político cultural da abertura política, assim aproveitara o vácuo deixado por um ministro confiante, mas inconfortável como ministro da cultura.

A ambos os jornalistas, Aloísio respondia não e não. Se por precaução ou convicção, jamais o saberemos. Afinal, vale lembrar, o ministro da Educação e Cultura era ainda um general, o general Rubem Ludwig. Estávamos em pleno regime autoritário. Todo cuidado era pouco. O militar era antes do civil. A hierarquia era antes da criação. A designação era antes da reivindicação. Como então parar o caminho das águas? Aloísio taticamente desconversava. Como quem não quer querendo, argumentava que o país não estava maduro conceitualmente para um novo ministério.

Eu me sinto muito à vontade para falar na criação deste ministério porque não é de hoje que tenho analisado o problema e que tenho me manifestado contra. Não quero dizer que seja uma coisa impossível; ao contrário, acho até que é uma coisa inevitável dentro de determinada trajetória de uma nação, por que à medida que o país se desenvolve os sistemas se tornam complexos e a tendência aí é fracionar, atribuir maior especificidade às áreas de atendimento.

Pura divisão de trabalho, *Durkheim avant la lettre!*

Se buscava argumentos, sinceros ou insinceros, não o sabemos. Basta terem sido plausíveis.

No momento seria prematuro pensar na criação de um Ministério da Cultura porque, agora, ele seria forçosamente fraco, não só do ponto de vista financeiro, mas do próprio ponto de vista conceitual. Ainda não temos maturidade para tratar com precisão as fronteiras entre a educação e a cultura.

Encontrou no próprio Eduardo Portella uma defesa de sua tese oficial. "O Ministro Portella tinha toda a razão quando afirmava que a educação é um processo de codificação da cultura a transmitir." Donde, acrescentamos, no ouvinte, a sensação de insensata separação...

No fundo, porém estamos diante de um líder cultural, que, ao contrário da maioria dos intelectuais, não era um dogmático. Nem do sentimento, nem da razão. Antes, era um pragmático, voltado para a ação. Por esse motivo, no início definimos que seu problema maior era conciliar conceituação com ação, a ampliação democrática idealmente pretendida com a limitadora capacidade organizacional do governo federal. Conciliar o ideal do novo com a práxis do antigo.

Essa sua formulação do problema lhe exigiu uma política da flexibilidade, de ambiguidades, de convergência dos inesperados. O ideal limitando e expandindo a práxis. E vice-versa. Como *designer* fora o profissional melhor das sínteses gráficas, do símbolo, síntese maior para se identificar um produto. Foi assim também na cultura. Buscou intermediar e forjar sínteses, nem sempre possíveis. Navegar é preciso.

Aloísio vitoriava em pleno vácuo político da área cultural. De um lado, um regime autoritário envelhecido com seu projeto de desenvolvimento econômico comprometido, e ansioso por saída honrosa e pacífica, preservando-se as instituições oficiais. Vão-se os anéis e ficam os dedos. De outro, uma intensa mobilização social, dos intelectuais inclusive, numa pressão crescente, indo além do cultural. Tratava-se de mudar a moldura antes de refazer o quadro. Mudar não o regime, mas de regime: eleições diretas, a volta aos quartéis, a nova constituição. As lideranças culturais estavam ocupadas com manifestos, passeatas, músicas e, sobretudo, agindo na imprensa. A atuação cultural em si estava no intervalo. Um Brasil democrático, com esperança, se aguardava.

Se o projeto cultural de Aloísio o conduziria à criação de um Ministério da Cultura, capaz de resolver seu problema inicial, e assim dotar o governo federal de nova estrutura administrativa, sensível e súdita dos novos tempos que se avizinhavam, jamais o saberemos. O que sabemos é que, naquele momento, sua rejeição era plausivelmente argumentada, talvez cautelosa tática de sobrevivência política. Gato escondido com rabo de fora.

"Entretanto, veja bem, a complexidade dos problemas, a complexidade dos fenômenos e o tamanho do país nos levam a encarar os fatos: [O Ministério da Cultura] pode vir a ser necessário. E aí devemos estar preparados", dizia a Cora Rónai, então quase foca do *Jornal do Brasil*. E dizia mais, e se revelava mais, a Zuenir Ventura: "Além disso em *off*, entre nós, se fosse criado esse boneco [o Ministério da Cultura] não seria eu quem deveria assumir, e sim um medalhão". Será o *off* o significado do *on*?

Tática ou convicção? Mistério sem fim. Seus argumentos eram plausíveis. Não conseguimos, até hoje, ter um ministério da cultura política e financeiramente forte como ele previu. Nem capaz de interferir e de ajudar a moldar o processo de desenvolvimento econômico, como sonhou junto com Severo. Nem apto a solucionar o problema da latinidade, da brasilidade e da pobreza.

> Não acredito que para resolvermos os problemas econômicos dos países em desenvolvimento seja indispensável, seja condição básica, perdermos nossa latinidade. Ao contrário. Mas também não posso aceitar que para mantermos a nossa latinidade deixemos de lado o problema econômico e continuemos debaixo dos riscos terríveis da pobreza, da miséria, e da morte.

Anunciava minutos antes de se morrer.

Resta ênfase derradeira. Só foi possível enfrentar o problema, ao assumir responsabilidades na área cultural do governo federal, porque ele, Aloísio, tinha um projeto de desenvolvimento cultural, moldado a partir dos referenciais nacionais includentes e não excludentes. O projeto, sabemos todos, no caso, era uma visão cultural dos conjuntos inter-relacionados, capaz de conciliar, colaborar, antecipar e expandir a democratização política e a independência econômica que, em seus diversos matizes, o Brasil delineava nas ruas e nos gabinetes.

Seu projeto foi moldado por uma compreensão sistêmica da cultura, aberta e não dogmática, capaz de integrar, somar, incorporar sem eliminar divergências, conservar mudando. Pode-se ser contra ou a favor deste projeto. Mas em 1979 o Brasil tinha um líder cultural e este líder tinha um projeto nacional.

Não foi suficiente. Se por destino ou pelo rodar da história, não sabemos. Às vezes, estar certo antes do tempo é errado. Octavio Paz diz que a regra principal a forjar a história não é a regra da causalidade. É apenas a da casualidade dos fatos. Tudo começou assim, casualmente, em seu primeiro encontro com Severo Gomes em 1975. Tudo terminou assim, casualmente, em 1982.

Em Veneza.

J. Borges

Patrimônio Vivo[79]

Trata-se de proteger ambos como patrimônio cultural: a obra e o autor.

Pernambuco tem agora chance concreta de inovar e liderar na área de preservação de seu patrimônio cultural. Digo liderar porque, até agora, nenhum outro estado brasileiro fez o que Pernambuco poderá vir a fazer em breve. Trata-se de proteger e, além da proteção, de consolidar e difundir seus artistas, sobretudo artistas populares, na medida em que eles forem considerados Patrimônio Vivo do estado de Pernambuco. Mas o que quer dizer Patrimônio Vivo?

É uma ideia simples de entender. Existem duas maneiras de se preservar o patrimônio imaterial de um país, estado ou comunidade. Ou registrando o bem ou o objeto cultural como patrimônio. Dando-lhe este *status* que o diferencia dos demais. É o caso

---

[79] Artigo publicado no *Jornal do Commercio*, Recife, 30 jan. 2005, sob o título "Jota Borges ou Mestre Salu?".

do acarajé e do samba de roda, recentemente registrados pelo Iphan como patrimônio imaterial da cultura brasileira. Ou então preserva-se, protege-se o autor, o artista, o criador, o responsável pela invenção cultural enquanto ainda vive e produz — daí a expressão "Patrimônio Vivo". Os franceses usam a mesma ideia com outra denominação. Denominam "tesouros vivos" seus mestres artesãos, que simbolizam a cultura francesa.

Esta ideia de patrimônio vivo ou tesouro vivo une dois objetivos. O primeiro é ajudar a manter estes autores-criadores que, sendo das classes populares, costumam ter dificuldades para sobreviver. O imortal Cartola, por exemplo, considerado por muitos o criador do samba de morro carioca, autor de melodias imortais da Mangueira, criador mesmo de escolas de samba, não tinha educação formal, nem profissão definida. Difícil de sobreviver. Foi preciso que a Assembleia do Rio de Janeiro lhe arranjasse um emprego de contínuo, ia diariamente bater o ponto e, assim, pôde continuar a fazer suas músicas e a inventar a Mangueira. O mesmo ocorre com Lia de Itamaracá, que imortalizou a ciranda hoje tão pernambucana e praieira. Lia sobrevive como merendeira de uma escola pública de Itamaracá. A nova lei enfrenta este problema e prevê uma bolsa de 750 reais mensais para nossos patrimônios vivos. O que já lhes ajuda na manutenção.

Aliás, por aqui, a ajuda oficial do governo não tem faltado. Mas é episódica. Depende da sensibilidade pessoal do administrador público. Jarbas Vasconcellos fez construir, na região de Petrolina, um pequeno ateliê para Ana das Carrancas. Ariano Suassuna fez construir o espaço Ilumiara Zumbi, onde o Mestre Salu, na Cidade Tabajara, anima a tradição popular dos maracatus.

O segundo objetivo da ideia de patrimônio vivo é estimular a criação e a difusão da cultura de raízes pernambucanas. Nesse sentido, os artistas considerados patrimônios vivos têm como obrigação divulgar, ensinar, isto é, repassar para as gerações futuras a sua arte, o seu saber. Fazer com que os jovens também saibam criar Brasil.

A lei pernambucana é de maio de 2002. Mas somente agora, mais de dois anos depois, foi regulamentada, por iniciativa de Marcos Accioly, o novo presidente do Conselho de Cultura. Pôde então sair do papel e entrar na vida. Caberá às entidades da sociedade civil, à Assembleia Legislativa e às prefeituras indicar os candidatos a patrimônio vivo. A escolha será feita pelo Conselho de Cultura, através de audiência pública.

Existe um limite de registros. No máximo três por ano. Como a lei é de maio de 2002, Pernambuco já poderia ter pelo menos nove patrimônios vivos. A hora é esta. A lista é grande e plural: Jota Borges, Mestre Salu, Ana das Carrancas, Lia de Itamaracá, o violonista Canhoto e tantos e tantos outros. Estão esperando.

Marianne Peretti

Por que patrimônio cultural?[80]

A arte é a arte das escolha. E cada escolha é ao mesmo tempo preferência e abandono.

A resposta jurídica é óbvia. Inúmeras obras de Marianne Peretti estão registradas, tombadas e integram o Patrimônio Histórico e Artístico Brasileiro. Mas a pergunta que propomos é mais complexa. É possível pensar o patrimônio cultural do Brasil sem pensar Brasília? É possível pensar Brasília, sem pensar sua Catedral? É possível pensar sua Catedral, sem os vitrais de Marianne Peretti? Certamente, não. Por quê? As respostas são múltiplas.

O que fez deste ousado uso do vitral uma referência de nossa "trajetória cultural", como gostava de dizer Aloísio Magalhães (*É triunfo? A questão dos bens culturais no Brasil.* Rio de Janeiro: Nova Fronteira, 1985). Difícil responder. Podemos apenas formular duas ou três interpretações, meras suposições.

---

[80] FALCÃO, Joaquim. Texto escrito para livro a publicar sobre Marianne Peretti.

Como qualquer obra de arte, o vitral é um processo decisório, ou melhor, uma série de escolhas articuladas, que o artista faz entre múltiplas alternativas, entre opções excludentes. Qual o tamanho do vitral? Quais suas cores? Qual a intensidade e composição de suas luzes e sombras? Figurativo ou abstrato? Ferro, resina ou bronze? Qual sua função e seu desejo? O artista enfrenta a todo momento milhares de opções, encruzilhadas. Ao fazer suas escolhas, dar-se a si mesmo respostas às suas próprias indagações, constrói pouco a pouco sua obra e pode caminhar. Assim, arte aparece como arte das escolhas.

Cada escolha pode conduzir, ou não, a outra, que pode convergir ou divergir. Ser a paz ou a guerra. Ao escolher o sinuoso, Marianne exclui o retilíneo. Ao optar pela resina, esquece a madeira. Cada escolha é preferência e abandono. Inclusão e exclusão. Por isto, é, ao mesmo tempo, alegria e saudade. Presença e ausência. Reger e coordenar as escolhas sequenciais, uni-las e pacificá-las, como diria outra grande artista, Lucia Laguna, é o ofício do artista.

Se o vitral é uma série de escolhas que precisam se harmonizar em seu conjunto, podemos dizer que o talento do artista esconde-se nos valores e critérios da escolha, da seleção. Quais os critérios fundamentais que podem ter conduzido Marianne em seus vitrais?

O primeiro, imagino, revendo agora o conjunto de sua obra, foi, consciente ou inconscientemente, não sei, se *a priori* ou *a posteriori* também não posso dizer, a busca de um novo e inédito diálogo interno/externo. Entre a paisagem externa e o ambiente interno, entre a construção e a natureza, entre a sombra e a luz, o abrigo e o ar livre, no Brasil que na década de sessenta então se modernizava.

Foi a opção pela tormenta da inovação, em vez da calmaria da tradição. Foi a tentativa de imaginar um novo tradutor da relação entre o construído e o dado, entre nossos edifícios e nossas paisagens. Reinventar o filtro. O que não deve ter sido fácil.

Antes de Marianne, o vitral quase inexistia na trajetória de nosso patrimônio histórico e artístico, colonial, eclético, modernista e até mesmo contemporâneo. Como inexiste ainda. Nem nas casas de cadeias, nem nas casas coloniais, casas-grandes, sobrados e, mais tarde, nas vilas operárias, conjuntos residenciais ou casas urbanas e apartamentos. Aparecem, algumas vezes, por influência francesa em palácios de governos, fóruns de justiça ou residências mais abastadas. Mas como elemento decorativo, sobretudo.

O fato é que nossos sobrados, públicos ou privados, e mesmo casas populares, eram fechados em si mesmos. Ao contrário da arquitetura espanhola que se abria em sucessivos pátios de claridade e vegetação, vejam Cartagena de Las Índias. Nós, não. A sensação que tenho é que nossa arquitetura tinha medo de nossa luminosidade, hesitava. Talvez porque com ela viria o calor. O preço da proteção térmica foram corredores sombrios, aprisionamento visual, interiores monológicos.

No início, em nossa arquitetura, nossa exuberância tropical foi amortecida pelos muxarabis, treliças, frestas, seteiras, persianas, vazados, venezianas, *brise-soleil*, cobogós. Era um diálogo interior/exterior contido, amortecedor e hesitante. Como as próprias treliças de Niemeyer, no Grande Hotel de Ouro Preto, os "cobogós" de Lúcio Costa no Parque Guinle, os *"brise-soleil"* de Le Corbusier e colaboradores do prédio do MEC.

Marianne decide inovar este histórico discreto diálogo interior/exterior. Radicaliza. Concede-lhe voz alta, libertária e amplitude infinita. À tradicional calmaria patrimonial, da treliça ou do cobogó, Marianne acresce ao nosso patrimônio cultural o tormentoso, ousado e libertário vitral. Em vez da sombra, o novo diálogo sublinha a luz. Perde medo. Esta terá sido sua decisão maior. Seu risco maior.

Não se encontram vitrais na Igreja de São Francisco, de Salvador, nem na Igreja da Glória do Outeiro, do Rio de Janeiro ou no Mosteiro de São Bento, de nossa comum Olinda. O azul de nossos céus, sem o qual não vivemos, estava presente, quase ausente, estático nos painéis de azulejos das sacristias. Mas agora, com Marianne e seus novos vitrais, este mesmo azul, sem o qual não sobrevivemos, estará presente, vigoroso e mutante, como a luz do dia tropical, em nossa arquitetura modernista.

Vejam por favor, a Catedral de Brasília. Em tudo difere da Catedral de *Notre Dame* ou *Chartres*. Nessas, o vitral é delimitado, quase matemático, bordado, azul *"royal"*. Naquela, o vitral é incontido, rasgado, azul celeste. Aliás, tenho sempre a impressão de que os vitrais de Marianne não terminam nunca. São apenas temporariamente contidos.

Vejam os detalhes. Às vezes, o azul que faz penetrar na Catedral de Brasília é, paradoxalmente, mar puro. Às vezes, é céu límpido. Às vezes, são até mesmo treliças ou redes. Lúcidos e translúcidos. Às vezes, são circunlóquios, insinuações, curvas, côncavos e convexos e, por que não, paradoxalmente sensualizados?

Trata-se de uma Catedral feita não para as sombras dos Réquiens. Mas para a luz dos Magnificats.

Por fora é arquitetura de Oscar Niemeyer. Por dentro é arte de Marianne Peretti.

Uma das explicações para o diálogo interior/exterior ter sido tão discreto em nossa trajetória patrimonial foi a necessidade de proteger nossos edifícios, e nós mesmos, do calor tropical implacavelmente circundante. Significaria a busca da sombra amena. Aliás, sempre me espantou quão mínimas eram as janelas de nossas casas populares, o que pode ser constatado na excelente documentação-interpretação artístico-fotográfica de Anna Mariani.

Marianne entendeu e se apropriou, na hora adequada, do desenvolvimento tecnológico que permitiu ambientes climatizados. Refez este diálogo a partir das novas tecnologias.

Assim como o fez Oscar Niemeyer, sobretudo em seus prédios públicos fechados em seus vidros invisíveis, em suas paredes brancas, ou seus concretos aparentes. Prédios de forma que se fecham em si mesmas. Arquitetura incolorida. Muitos deles até mesmo com poucas janelas, ou até mesmo sem janelas. Alguns tão fechados, não todos, lembremo-nos do Palácio da Alvorada e do Itamaraty, mas que poderíamos dizer, como Guimarães Rosa, que de tão egocêntricos, eles se colecionam.

Em inglês, patrimônio significa *landmark*, ou seja, a marca da terra. Ou melhor, o marco da terra que orientava os viajantes quase sempre solitários, nos idos tempos, na Idade Média, no Renascimento, e até hoje. Patrimônio, *landmark*, é, pois, informação e orientação ao mesmo tempo. Painel luminoso. Siga por aqui, se você quer chegar ali. Até hoje.

O Brasil é o resultado de uma história feita por múltiplos patrimônios, sincréticos, harmoniosos, ou conflitantes ao mesmo tempo. Um país de diversidades, contrastes, heterogeneidades e pluralismos de todas as espécies, culturas, raças. Pluralismos econômicos, ambientais, minerais, sociais, religiosos, flora e fauna.

É neste sentido que a obra de Marianne é um Patrimônio Cultural Brasileiro. Entre a parede branca de pedra e cal, onde prevalece o interior, ou o atual vidro, vidraria anônima e deslavada, onde prevalece o exterior, ela toma uma escolha arriscada. Tomou uma decisão. Deixou sua marca como uma das marcas de "terra brasiliensis". Recria novo diálogo. Pluralizou o diálogo interior e exterior. Mais do que filtros, seus vitrais são o exemplo concreto de sua decisão maior: a ousadia da invenção.

J. Borges

J. Borges ou o que é patrimônio cultural?[81]

O cordel tem que ser escrito de um modo que toque no sentimento do povo que vai ler ou ouvir o canto.

Será que podemos considerar a obra de J. Borges — poesia e grafia, literatura e gravura, imagem e texto, palavra e figura — um patrimônio cultural do Brasil? Será que podemos destacá-la, valorizá-la e elegê-la como referência fundamental de nossa trajetória cultural? Para responder a esta pergunta precisamos antes definir patrimônio cultural. Precisamos responder outra pergunta: O que é patrimônio cultural?

Segundo nossa Constituição, constituem patrimônio cultural "os bens de natureza material e imaterial (...) portadores de referência à identidade, à ação, à memória dos diferentes grupos formadores da sociedade brasileira". Essa definição nos informa de

---

[81] Publicado no livro *Poesia e gravura de J. Borges*, Silvia Coimbra, Fundação Roberto Marinho, Recife, 1993.

que inexiste patrimônio cultural fora dos grupos formadores da sociedade. Mas não nos esclarece por que a sociedade elege um determinado bem, e não outro, como patrimônio. Em princípio, todo e qualquer bem cultural tem necessariamente referência à identidade, à ação e à memória dos grupos que formam a sociedade brasileira. Por que então eleger apenas uns poucos? Aliás, quais os critérios à ação e à memória dos grupos que formam a sociedade brasileira? Por que então eleger apenas uns poucos? Aliás, quais os critérios desta eleição?

Em nosso entender, existem basicamente três critérios nem exclusivos, nem concomitantes:

(A) Primeiro, a qualidade intrínseca do bem como excepcional manifestação artística ou cultural. A escultura — anjos, santos e profetas — de Aleijadinho e o traçado arquitetônico urbanístico de Brasília, por exemplo, valem pela invenção, pela criatividade em si. São excepcionais manifestações individuais de nossas artes plásticas e de nossa arquitetura e urbanismo. Detêm valor de *per se*.

(B) Já, por exemplo, Porto Seguro e o Paço Imperial são bens dotados de uma referência histórica fundamental. Não detêm valor de *per se*. Porto Seguro é uma região belíssima, mas igual a muitas outras em nossa costa. O Paço é um edifício importante, mas sem nada que o torne arquitetonicamente excepcional. Ambos, porém, são patrimônio cultural. Sem eles não se compreende, nem se visualiza a história do Brasil. O segundo critério é pois a referência histórica fundamental. O valor será menos no bem em si, e mais no fundamental momento histórico que o simboliza e situa.

(C) Finalmente, no terceiro critério estariam aqueles bens que nem são a expressão excepcional da criação individual, como profetas de Aleijadinho e Brasília de Oscar Niemeyer e Lúcio Costa, nem símbolos de momentos históricos fundamentais, como o descobrimento do Brasil e do Império. Mesmo assim, são patrimônios porque expressam um indispensável traço cultural coletivo. Captam valores partilhados, praticados e legitimados pela comunidade e pelo povo. Sem os quais não se compreende nossa cultura e sua qualidade, diria Camões. Refletem valores indispensáveis da alma coletiva. Embora possam ser excepcionais manifestações da criação individual, são, antes, o reflexo da alma, do saber e fazer, do ser de um povo. E, por assim serem, são dotados de uma aceitação, de um apoio popular que os legitima, mantém e valoriza.

O critério para definir o que é o que não é patrimônio, no primeiro caso, é a excepcional invenção individual, no segundo, é a referência histórica fundamental, no terceiro, é a legítima expressão de um modo de ser coletivo.

Voltemos, agora já de posse de uma definição de patrimônio cultural, à obra de J. Borges. E voltemos através do depoimento do próprio Borges.

O Cordel não é escrito por acaso, e sim porque o poeta, ao querer exprimir sua imaginação no sentido de fazer sucesso com a história, procura um meio de gravar esta história e distribuí-la mundo afora. Por isto o Cordel tem de ser escrito de uma maneira que toque o sentimento do povo que vai ler ou ouvir o canto.

Mais adiante diz:

Cada tema exige uma maneira de se ler para desdobrar o sentimento das pessoas que estão ao redor do folheteiro (...) O público que mais cerca o folheteiro é de pessoas inteligentes, que ao ouvir a cantoria se aproximam procurando aglomerar-se e descobrem que a história bate com seus sentimentos. E ali, escutando a leitura daquele Cordel vão acalentando seus desejos de amor, de vingança e de luta (...) Vão lembrando e imaginando obrigações, brincadeiras, mágoas, ódios e sofrimentos.

E finaliza: "Sabendo o folheteiro exprimir bem a história contada e batendo o assunto no sentimento do público, não há dúvida que a venda é certa".

A importância da literatura de Cordel, como busca incessante do sentimento do povo, é mais bem reconhecida quando acrescentamos alguns dados objetivos. Ao contrário de Carlos Drummond, Jorge Amado e Machado de Assis, a primeira edição de uma obra de Jota Borges vendeu logo 5 mil exemplares em menos de 60 dias! Borges é provavelmente, se não o autor mais, pelo menos um dos autores mais editados no Brasil. É provavelmente autor para mais de 200 mil obras editadas. Basta estimarmos que ainda hoje, no Recife, publicam-se cerca de 20 mil folhetos por mês! A literatura de Cordel existe desde o século XVI. E Borges edita desde 1964.

Donde a conclusão só pode ser uma. Inexiste outra. A literatura de Borges sintetiza e reflete o sentimento popular. Daí sua permanência e sucesso. Bate o assunto no sentimento do público, diria o próprio Borges. Que outros autores terão assim expressado o sentimento popular com tanto sucesso e permanência? Onde encontrar tamanha sintonia entre autor, público e obra?

Pode-se compreender a economia popular sem entender o fenômeno da feira? Pode-se compreender a feira sem entender a sua literatura de Cordel? Pode-se compreender o Cordel sem entender o seu público? Pode-se compreender este público sem entender seus sentimentos? E o que é a cultura senão a expressão dos sentimentos de um povo? Por isto, e apenas demasiadamente por isto, a obra de Jota Borges é patrimônio da cultura brasileira.

O desafio fundamental da obra de Borges não foi como no Aleijadinho, esculpir a dramaticidade dos profetas. Nem como em Oscar Niemeyer, concretizar uma estética arquitetônica ideal, ou como em Lúcio Costa, ordenar pela razão a cidade. Seu desafio fundamental não foi o drama religioso, o ideal arquitetônico ou a racionalidade urbana. Seu desafio foi apenas "tocar no sentimento do povo", "desdobrar o sentimento das pessoas", "bater no sentimento do público". Por isto, e apenas demasiadamente por isto, a obra de Borges é patrimônio cultural do Brasil. Muito mais por isto, aliás, do que pela invenção excepcional, que também representa. Que outro autor foi tão bom artista? Que poeta, gravador? Quem ousou sintetizar grafia e poesia, imagem e texto e a serviço de sentimento popular, fato gerador de uma cultura? Esta síntese já evidencia por si só excepcional criação individual.

Agora, considerar um bem patrimônio cultural é tomar uma decisão. É fazer uma escolha. Dentre um universo infinito de bens culturais, é identificar, pinçar, separar, eleger e privilegiar este, e não aquele, bem. É hierarquizar um universo infindável. Toda escolha é uma aceitação, é uma recusa também. É uma seleção responsável.

No Brasil, esta seleção, esta escolha, foi apropriada pelo Estado. [82] Erroneamente, por muitos anos acreditou-se que só seria patrimônio o bem tombado oficial e formalmente pelo Estado. Inscrito não no livro das preferências reais da sociedade, mas das preferências solenes do poder legal. Com isto, estatizou-se o conceito de patrimônio. Reduziu-se, e muito, a valorização de nossas expressões culturais. Discriminou-se, independentemente da intenção de tombados e tombadores. Reduziu-se o Brasil.

Pouco a pouco, porém, este processo de seleção vai mudando. Ao lado do patrimônio estatizado, o Brasil começa a descobrir seu patrimônio social também. Aquele, fruto de uma decisão do Estado, este, do reconhecimento pela sociedade. Nem por isto aquele é melhor do que este, ou mais importante para nossa trajetória cultural. E se antes era o Estado, através do Sphan, quem detinha o monopólio do patrimônio, quem revelava à sociedade o patrimônio da própria sociedade, hoje não é mais. Ou, pelo menos, é menos.

Pouco a pouco a sociedade, as comunidades, sobretudo, vão elegendo determinados bens como patrimônio e então os preservam, os protegem, os vivificam e os consomem.

---

[82] A apropriação pelo Estado do conceito de patrimônio foi tão forte, que até hoje muitas pessoas referem-se ao Sphan simplesmente como "O Patrimônio". Não desassociamos o conceito do órgão burocrático.

Hoje, lemos diferentemente do passado a prática do tombamento. Neste novo processo, caberia ao Sphan e aos demais órgãos dos estados — federais ou estaduais ou municipais — aceitar e reforçar a decisão tomada informalmente pela sociedade. Não caberia mais ao Sphan revelar, mas apenas reconhecer o patrimônio eleito pelo povo. Para evitar que o patrimônio cultural brasileiro se cristalize em dois: o estatal e o social; o formal e o real; o da elite burocrática e o das comunidades anônimas. Para que uma eventual dicotomia não concretize valores etno e egocêntricos. Não seja a solidão do Brasil real.

Por tudo isto, e apenas demasiadamente por isto, a obra de Borges — poesia e grafia, literatura e gravura, imagem e texto, palavra e figura — é patrimônio da cultura brasileira.

Crédito: ConJur/Spacca

Joaquim Falcão

Professor de Direito da Fundação Getulio Vargas

Foi diretor da Fundação Joaquim Nabuco, da Fundação Roberto Marinho e da Fundação Nacional Pró-Memória.

Colaborador do *Jornal do Commercio* (PE), *Folha de S.Paulo* (SP) e *Correio Braziliense* (BSB).

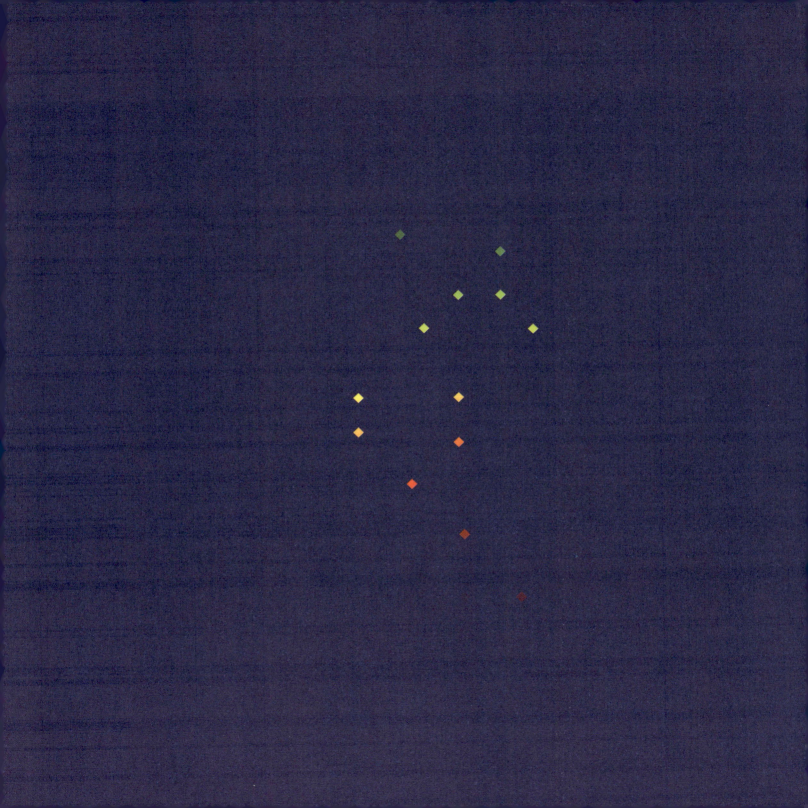